“鱼骨家长会”家庭亲子游戏系列　第一卷

孩子性格你掌握

——训练良好习惯的游戏

培养孩子：自信、注意力、细心、爱心、好习惯

4+2+1的家庭结构
我们发现
成年人总围着电视机，看着肥皂剧
孩子总盯着电脑手机，玩着电子游戏
没时间陪孩子玩儿？还是不知道怎么和孩子玩儿？
我们告诉你
每天10分钟
每天一个游戏
成就孩子快乐自己

主 编　盛天和

家庭教育专家
上海市教育科学研究院副研究员
上海市教育信息调查队副主任
上海市家庭教育讲师团专家讲师
上海社会科学院国民精神与素质研究中心特聘研究员
上海市中小学心理辅导协会理事

湖南大學出版社

图书在版编目(CIP)数据

孩子性格你掌握——训练良好习惯的游戏/盛天和主编. —长沙:湖南大学出版社,2012.8

("鱼骨家长会"家庭亲子游戏系列)

ISBN 978-7-5667-0243-2

Ⅰ. ①孩… Ⅱ. ①盛… Ⅲ. ①游戏课—儿童教育—教学参考资料

Ⅳ. ①G613.7

中国版本图书馆CIP数据核字(2012)第184910号

"鱼骨家长会"家庭亲子游戏系列

孩子性格你掌握——训练良好习惯的游戏

Haizi Xingge Ni Zhangwo——Xunlian Lianghao Xiguan de Youxi

主　　编:盛天和

插　　图:曹琼洁　王建明　李　晨

总 策 划:鱼骨传媒

责任编辑:严小涛

特邀编辑:胡　澄　顿雅洁

装帧设计:上艺设计

印　　装:武汉武铁印刷厂

开　　本:880×1230　32开

印　　张:6.125

字　　数:154千

版　　次:2012年9月第1版　　**印次**:2012年9月第1次印刷

书　　号:ISBN 978-7-5667-0243-2/G·562

定　　价:19.00元

出 版 人:雷　鸣

出版发行:湖南大学出版社

社　　址:湖南·长沙·岳麓山　　**邮编**:410082

电　　话:0731—88822559(发行部),88821343(编辑室),88821006(出版部)

传　　真:0731—88649312(发行部),88822264(总编室)

网　　址:http://www.hnupress.com

电子邮箱:yanxiaotao@hnu.edu.cn

FOREWORD

前言

什么叫做性格？心理学认为性格是一个人的“典型性的行为方式”。也就是说，一个较成熟的人在各种行为中，总贯穿着某一种典型的方式，经常发生，而且不是偶然的，这就是性格。

如果你仔细观察日常生活，你可能会发现这样一种现象，就是性格开朗乐观的孩子往往成年后具有较强的处事能力，他们敢于直面人生，能比较和谐地融入社会；而性格过于内向、常常沉默寡言的孩子往往较难融入集体。可见，性格对于孩子成长发展是很重要的。一个人的性格虽然有先天的基因成分，但是，后天的因素更重要。

影响性格的几个要素：

第一，环境要素。

我们在生活中不难看到：如果一个孩子成长在富有的家庭，没有受到良好的教养，而是被娇纵惯了，那么他可能会养成“轻浮”“散漫”等性格。相反，如果他的家庭环境很困难，迫使他从小就要承担家庭的负担，应付各种各样的人与事，他有可能会形成“成熟”“理智”的性格。

第二，教育要素。

这里说的教育要素泛指一切教导与影响孩子的因素。例如，当一个儿童不幸处在十分艰难的境遇中，如果他受到的教育是使他逆来顺受，久而久之，这个儿童便可能养成安分守旧的奴性性格；如果他受到的教育是鼓舞他坚忍不拔地战胜困难，久而久之，他可能养成乐观、坚强、充满自信的性格。

根据心理学家的分析，一般把性格分为以下几种类型：

1. 根据性格中表现出来的心理学特征来确定性格的类型，可以分为理智型、情绪型和意志型。理智型的特征是冷静、沉着、善于思索，观察问题精细，喜欢用理智的尺度去衡量一切。情绪型的人感情丰富强烈，做事积极主动，热情高，但情绪容易波动。而意志型的特征是坚定、顽强、勇敢、果断，具有自制力和恒心。

2. 如果以个人的心理特点是倾向于外部世界还是内部世界作为划分依据，又可以把人的性格分为内向型（感情内在、多思多疑、行为孤僻）和外向型（开朗活泼、感情外露）。

3. 如果按个人独立性的程度来划分性格类型，还可分为顺从型和独立型两种。前一种类型的人，容易顺从别人的意见，往往屈服于他人的权势，或者比较温顺，易受暗示干扰，不能适应紧急情况。后一种类型的人，具有个人信念的坚定性和独立性，喜欢独立活动和将自己的意志强加于人，自尊心和自信心较强。

人的性格是复杂多样的。在现实生活中，很难找到具体属于某一类型性格的人，更多的情况是几种类型的混合。家长可能会遇到这种情况，某个人就其性格来讲有些不尽如人意，但正是由于这种不太让人欣赏的性格，在另一种情况下，反而表现出积极的效果。我国著名数学家陈景润的性格以固执、内向而出名，这种性格使他在处理人与人之间的关系方面，显得孤僻，难以亲近。但正是由于他个性上的自我，使他不太去关注外在，能够沉下心来做研究。又如，古代的张飞、李逵以直爽、大胆、勇敢、刚烈和火暴个性而著称，在战场上都是不可多得的猛将，但今天如果让他们去从事服务性的工作就很有可能会造成一大堆麻烦；同样，温顺、和气、慢条斯理、易受暗示的性格，在处理家庭和同事关系上较为有利，他们可能会是一名优秀的服务人员。

我们知道，一个人的生存过程是从自然人向社会人发展，其中包含着从性格的不完善、不成熟到性格的完善、成熟的发展过程。为使更多的人具备完善、优良的个性质量，我们应当依靠科学的方法循序渐进培育孩子。

塑造孩子的性格可以从以下方面入手：

一是培养自信心，自信心是人生发展和成功的心理基础，又是能力和意志的催化剂。对大多数人来说，正常的智力加上高度的自信，容易取得成功。因此家长要善于鼓励孩子相信自己的能力，鼓励他们克服困难、取得成功，而溺爱孩子或者蔑视孩子的创造性则可能会扼杀孩子的自信心。

二是培养应变能力，让孩子学会从不同的角度考虑问题，用不同的方法解决问题，与不同的人打交道。让孩子学会适应不同的环境，使他们从小就懂得要克服困难，并知道达到目的的途径是很多的，善于灵活应变。

三是培养积极、乐观的态度，让孩子从小就体会到父母是关心他们的，家庭是温暖的，生活是美好的，即使碰到困难也是可以克服的。

性格的形成与气质有很密切的关系。家长要善于根据孩子的气质类型，结合具体的教育条件，逐步地在实际生活中塑造孩子的良好性格。

游戏是一种快乐、活泼、自然、丰富和极富创造性的活动，也是孩子学习的一条直接途径。游戏是有趣的，它是培养孩子认知、情感和社会能力的一种有效方法。

让我们和孩子一起游戏、一起 happy 吧……

下面就跟着我们设计的游戏来有针对性地培养孩子的完美性格吧！

CONTENTS

目录

第一章 让孩子越来越自信

什么叫自信？通俗的解释，就是相信自己，像歌词里唱的“I believe I can fly”。心理学家认为，自信就是对自己能力的一种肯定，譬如坚信自己一定能做成某件事，或是肯定自己有能力去实现自己所追求的目标。

由此可见，自信既是人生成功和发展的心理基础，又是能力和意志的助长剂，在很大程度上影响着孩子做事的动机、态度和行为，它是孩子坚忍不拔、不断进步的力量源泉。因此，父母在教育孩子的过程中，一定要重视对其自信心的培养；要善于通过方法引导、培养孩子相信自己，并且鼓励孩子勇于克服困难、取得成功；要培养孩子学会从不同的角度考虑问题、用不同的方法解决问题、与不同性格的同伴交往、适应不同的生活和学习环境，教育和指导孩子从小就懂得“失败是成功之母”、“困难让成功更精彩”的道理。相反，家长对孩子的包办溺爱、过多指责，或者漠视孩子的挫折、轻视孩子的成功等教养态度和行为，都可能扼杀孩子的自信心。

当然，自信心的培养并不是一朝一夕所能完成的，它需要长期的努力，更需要在日常生活中从点点滴滴的小事做起，才能使孩子的自信心不断增强。温馨、民主、和谐的家庭氛围，不仅是培养孩子积极乐观生活态度的基础，更是孩子自信心的源泉。因此，家长应在日常的家庭生活中，更多地关注孩子的方方面面，让孩子感受更多的家庭温暖。

小学阶段是孩子建立自信的重要时期，家长对孩子的看法至关重要。家长要当好孩子自信心的激发者和坚定的保护者。当孩子付出努力后做成功了一件事，家长应当给予孩子充分的赞赏，并且鼓励孩子向更高的目标奋进；当孩子对所做的事未尽全力，家长也要中肯地告诉孩子“如果你尽力去做的话，会做得更好”，让孩子知道自己有能力做得更好；当孩子感到事情太难，自己做不了而准备放弃的时候，你要鼓励他去尝试，让他知道无论什么事情只有先尝试、先努力，才有可能取得成功；如果真的尽了力，但还是没做好，那也没必要自责，要好好总结，争取下次做好。只有这样，孩子才能做到说话“大声”，做事“大胆”，自信满满。

法国思想家卢梭曾说过：“自信对于事业简直是一个奇迹。有了它，你的才干就可以取之不尽、用之不竭；一个没有自信的人，无论他有多大的才能，也不会抓住一个机会。”

自信是成功人生的起点！自信的人更容易获得快乐，也更容易取得成功。

游戏1 时装秀

游戏时间：20～30分钟

游戏难度：★★★

参与人员：爸爸、妈妈和孩子（建议邀请几组家庭一起参加）

游戏场地：室内或室外空间比较大的地方（如家里的客厅、学校大舞台、小区活动室等）

适合年龄：6～9岁

主要目标：鼓励孩子敢于表现、乐于表现，逐步培养孩子的自信心。当孩子第一次上台表演时也许会有些胆怯，但是经过一次又一次的锻炼，从和爸爸妈妈一起上台到与小朋友一起上台直到独自上台表演，通过游戏的反复和难度的小步递增，孩子们会在游戏中体验到成功，从而增强自己的自信心

辅助目标：增强孩子的环保意识和动手能力。在活动中，通过孩子与家长的亲身设计、废物利用，让孩子从小养成环保意识，让孩子们感受到环保的重要性，做环保小卫士要从自己做起，从身边做起

游戏方法

1. 家长收集废弃的塑料袋、光碟、报纸、各类广告纸等材料，并准备剪刀、双面胶、胶水等工具，以作备用。

2. 发动全家齐动手，指导孩子展开自己的想象，发挥创意，用收集来的"废旧材料"共同设计和制作"服装"。譬如，用报纸做"衣服"，用雪碧瓶做"帽子"，用塑料纸做"裙子"等。

3. 孩子穿着设计好的时装进行展示，并与其他小朋友一起走秀。这里是游戏的重点，主要是帮助孩子树立自信，增加他们敢于表现自己的勇气。孩子可能会由于害羞等原因不敢上台，家长一定要积极鼓励，帮助孩子迈出自信的第一步。

4.家长可给予小小的奖励。可以对制作的作品评奖，颁发奖品，或者对模特的表现评奖。家长在颁奖时，要宣读颁奖词，所谓的颁奖词就是对孩子的表现作出表扬和鼓励的言语。

专家解读

国外一位心理学家是这样给具有自信的儿童下定义的：自信就是一个人所拥有的对自己的信心和感觉的集合。它在很大程度上影响着人们的做事动机、态度和行为。孩子的自信可在3～4岁时出现，当孩子学会用汤勺将饭放进自己嘴里时，就会出现“我能做到”这种心理。自信的孩子更乐观，自我感觉较好，喜欢与别人交往，愿意追求新的兴趣，从不轻视自己。遇到难题时，不是说“我是白痴”，而是说“我暂时还不理解”。反之，缺乏自信的孩子比较悲观，总是感觉“我不行”或“我什么事情都做不好”等，往往表现出被动、抑郁和孤独的个性特征。

让孩子在体验游戏带来的乐趣的同时，也在孩子内心播下自信的种子。

游戏 2　推倒罐子“大楼”

游戏时间：15 分钟
游戏难度：★★
参与人员：爸爸、妈妈和孩子
游戏场地：家里客厅、室外平整的空地
适合年龄：6～7 岁
主要目标：让孩子在游戏中大胆操作，体验成功的快乐，增强自信
辅助目标：积累垒高的经验与技能，尝试掌握垒高技能，乐于与其他人比高低

游戏方法

1.家长利用平时积累的各种罐子(非玻璃的)做道具,指导并鼓励孩子垒高。

2.孩子可以一个一个随意向上垒,也可以按照一定的规律垒,譬如可以按照同一种颜色垒,也可以按照同样大小垒,还可以按照不同的道具间隔来垒。

3.家长可针对孩子能力及游戏情况,适当创设不同的游戏情境,以增加游戏的趣味性。譬如孩子将道具垒到一定高度时,妈妈装着“着急样子”说:“龙卷风来啦!龙卷风来啦!大风要把‘大楼’吹倒啦!”而孩子则可以按游戏情景,把“大楼”推倒。然后,家长再鼓励孩子继续“造高楼房”。

温馨提示

垒高时,小心罐子掉落砸到孩子,提醒孩子别踩到罐子摔倒。

专家解读

家长和孩子在玩的过程中,可以和孩子一起动手,比比看谁把“大楼”垒得更高、更结实。在游戏互动的过程中,注重孩子的心得分享,家长可把建设“大楼”游戏引入到生活中来,让孩子分享生活体验。

除此之外,孩子是否快乐也影响到他(她)的自信心和人际交往方式。快乐的儿童总是喜欢和小朋友一起玩,也比较能忍让;而忧郁、愤怒的儿童则经常独自待着或攻击他人。所以,保持愉快的情绪是儿童健康成长的条件之一。

游戏3 动物超市

游戏时间：25 分钟

游戏难度：★★

参与人员：爸爸、妈妈和孩子

游戏场地：家中的小客厅、阳台或走廊

适合年龄：6～10 岁

主要目标：鼓励孩子积极主动地投入到游戏之中，引导孩子大胆尝试，以此不断增强孩子的自信心

辅助目标：鼓励孩子大胆参与活动，并在活动中获得成功的体验，得到父母的肯定，获取并积累经验，有利于孩子自身潜力的发挥。不但在活动中体会快乐，而且通过超市买卖游戏培养数学能力

游戏方法

1. 利用家中的空间和日常生活用品，跟孩子一起布置动物超市。

2. 孩子和父母一起为“超市”物品制作价目表。

3. 孩子和父母分别佩戴头饰，扮演某一动物。起初可先由父亲或母亲扮演营业员，等孩子熟悉后再让他扮演。

4. 游戏开始，孩子可跟随父亲或母亲进“超市”购物、结账。

温馨提示

当孩子扮演“营业员”时，家长所扮演的“顾客”可根据当时的情景，即兴与孩子对话，譬如：我想买的东西在哪里？超市的物品太少该怎么办？钱不够怎么办？

在游戏开展的过程中，让儿童有更多的自由性是促进儿童创造才能提高的有利因素。尤其对那些活动能力弱、胆子较小的孩子，注重在语言上和情感上给予更多的鼓励和支持，而不轻易加以否定或批评。孩子的主动性得到了发挥，自信心自然也

进一步增强。

专家解读

生活即教育，教育即生活——在活动中培养孩子的认知力、自信力。

大大的面包、圆圆的香肠，各种各样的食品和饮料等，利用孩子熟悉的物品，让孩子在游戏中学习认知、分类并进行数学运算，还能让孩子体验超市管理。和孩子一起参加“动物超市”游戏，家长可以通过延伸性启发和深挖游戏内容对孩子进行更进一步的培养，如角色扮演。

角色扮演1：采购员

玩法：家长手中持有货物卡，引导孩子大声地说出货物的名字，如苹果(apple)、香蕉(banana)等，鼓励孩子认知简单的英文单词。如果孩子能说出来，就把卡片给他，直到孩子集齐全部的卡片。

给爸爸妈妈的话：6～10岁的孩子，视觉观察能力和理解记忆力得到了进一步的提高，孩子愿意接触并记忆他想了解的一切，这个年龄段是记忆力发展、语言学习的最佳时期。

在“采购员”游戏中，家长也可以通过商品卡片，引导孩子认知中、英文单词。并通过反复、模仿来引导孩子记忆，完成学习的过程，开发孩子的语言能力，提升孩子对英语学习的兴趣。

角色扮演2：营业员

玩法：家长可根据货物的种类划分好区域，让孩子将所有货物进行分类，如果孩子能够按要求完成所有分类，就可以成为合格的营业员。

给爸爸妈妈的话：引导孩子准确认知事物，并告诉孩子把那些具有相同特点的东西放在一起。

在“营业员”这个游戏中，可以根据提示对商品进行分类，也可以根据商品的颜色、形状、价格等将所有商品进行分类，综合锻炼孩子的认知能力与数学逻辑能力。

角色扮演3：总经理

如果孩子能顺利通过采购员和营业员的两个挑战，可以通过角色扮演，让孩子开“超市”，爸爸妈妈扮演“顾客”，让孩子把自己的玩具或物品都卖出去。

玩法：家长可把孩子找来的商品标上价格，让孩子根据各种商品的价格把商品卖出去。注意只有价格计算对了才能把货物卖出去。

给爸爸妈妈的话：6～10 岁的孩子对数字变得敏感，开始熟悉数字，并具备初步的运算能力。此外，孩子还应能够正常、流畅地与他人交流，并能准确地表达自己的意图与意愿。家长应注意培养孩子这两方面的能力。

在“总经理”游戏中，家长平时可以利用家里的“货物”和孩子进行角色扮演，不仅能给孩子带来乐趣，还能加强亲子关系。孩子想卖出商品，只有价格正确才能完成交易，借此锻炼孩子的简单计算能力和准确表达意愿的能力。

游戏 4　比比谁最棒

游戏时间：3 分钟

游戏难度：★★

参与人员：爸爸、妈妈和孩子

游戏场地：家中沙发上或地毯上

适合年龄：7～10 岁

主要目标：培养孩子的自信心

辅助目标：增强孩子的表达能力

游戏方法

1. 晚饭后，家长可以利用饭后小憩时间，召集所有家庭成员，一起坐到沙发上或地毯上，轮流发言，说说自己哪些方面是很棒的。主要是让孩子自己挖掘自己的闪光点，并用文字或图画的形式记录下来。

2.每个孩子都有各自的闪光点,家长可适当地引导,比如有的孩子作业准确率高,或者小书包整理得井井有条,这些都是优点。

3.这个活动的重点在于肯定孩子优点,引导孩子发现自身优点、了解自己的长处,从而增强孩子的自信心。

温馨提示

每个孩子都会有被别人评价较高的方面,他自己也往往将之视作比别人好的地方。孩子的自信心在很大程度上就是建立在自己"长处"的基础上。所以,当孩子说出自己的长处后,家长要注意保护孩子自我认定的长处。如果不注意保护这些长处,或者轻易地加以否定,就有可能从根本上动摇孩子的自信心。

专家解读

在进行此游戏的过程中,家长在评价上须注意,一般来说,谁都喜欢听到赞美,而不愿接受批评,孩子更是如此。

孩子年幼,刚刚迈出生活的第一步,这时他们常常会面临失败。人们对失败的态度多半是批评,但如果把这种方式同样用在孩子身上就不合适了。因为孩子这时的失败,正是他从幼稚到成熟的必经过程。如果用批评打击了他的信心,那么,他很可能就此变得缩手缩脚,不敢再进行任何尝试。所以当孩子失败时,应给予鼓励,对这次的失败表示可惜,强调父母相信他下次一定能做好。只有这样,孩子才会继续努力,敢向困难挑战,最后取得成功。

赞美是有方法的,应着重赞美孩子不怕困难的决心和认真的态度,特别应该表扬孩子出力最多的某一点。

批评只能作为辅助手段,这样就可以使孩子了解到他们的行为是受到一定约束的。必要的约束和限制会使孩子克服任性的心理。

游戏5 找亲人

游戏时间：5分钟

游戏难度：★★★

参与人员：父母、孩子和其他家庭

适合年龄：7～10岁

主要目标：培养孩子的自信心

辅助目标：增进亲子间的交流和家庭亲情

游戏方法

1. 家长先准备一块立体KT板，上面有喜羊羊、美羊羊、灰太狼等头像，头像嘴巴处开一个口，开口的大小以一个大人的手臂能伸出为准。

2. 四到六个家庭为一组进行游戏，家长躲在板后，从动物嘴巴里伸出自己的一只手臂，孩子隔一段距离站在指定的地方。

3. 游戏开始，孩子上前找家长的手，家长不可发出任何声音，找对为胜。

温馨提示

1. 家长要把袖口卷到一定位置。

2. 手上不能有任何装饰物，不能给孩子任何相认提示。

专家解读

1. 创造亲子间真正的交流。什么是“真正和孩子在一起”？心理学家们早就开始关注这个问题。他们观察父母与孩子长时间相处的情形发现，父母并没有和孩子“共同度过”这段时间。他们所得到的结论是：“父母实际为孩子们做了些什么（质）”，远比“花在孩子身上的时间（量）”重要。芝加哥大学教育与人类发展学副教授艾莉森（Alison Clarke-Stewart）表示，对一个孩子来说，父母跟在他身边一整天，还不如花一个晚上“真正地”和他在一起，全心照顾他，给他温暖和充实的感觉。

2.交流需要时间。艾莉森提醒父母:交流需要时间,我们不能限制孩子只可待在父母身边几小时或几分钟,也不能误认为只要每天和孩子共度温馨的十分钟就够了。史坦利医师也认为,没有人能估计亲子相处的时间应该有多长,但匆匆忙忙的五分钟是绝对不够的,连续八小时却也不必要。因此,父母不仅要考虑孩子的性情和需要,也要衡量自己的工作情形和体力状况,才能做适当的安排。千万不要刻意安排了一段时间与孩子共处,结果却因为自己疲累,而将情绪发泄在孩子身上,伤害了彼此。就是说,如果你在原本应该休息的时间(或是晚餐前忙碌的时段)内努力和孩子"交流",结果会适得其反。

游戏 6 我是小当家

游戏时间：40 分钟

游戏难度：★★★

参与人员：爸爸、妈妈和孩子

游戏场地：社区的小菜场

适合年龄：8～10 岁

主要目标：培养孩子的自信心，提高孩子的心算能力和记录的方法

辅助目标：让孩子在游戏中认识各种蔬菜

游戏方法

1. 请孩子当家买菜。事先可以和爸爸妈妈一起商量今天买菜的金额（一般在 30 元左右为宜）、菜的搭配等，然后选择孩子比较熟悉的菜场买菜。

2. 根据事先商量好的“买菜方案”，让孩子自己去买菜。为孩子的安全起见，家长可以间隔一定的距离跟着孩子，但不干扰孩子的购物行为。

3. 孩子把菜买回家后，父母与孩子一起总结，请孩子谈谈买菜的体会，例如在买菜的过程中遇到什么困难，他是怎样解决的。家长不要吝啬鼓励。

温馨提示

家长可以在孩子买菜的过程中，请熟人在孩子不知晓的情况下提供适当的帮助，即使孩子买的菜比家长买的贵，也别责怪孩子，以免打击孩子的自信心。

专家解读

生活即教育，教育即生活，教育最简单的方法就是模仿，也即“照着做”。孩子们在家里“照着做”，学会吃饭穿衣、弹琴跳舞以及提笔写字等。孩子在学校“照着做”，学会队列、行礼乃至循

规蹈矩。我们的社会礼仪也多是靠新成员“照着做”而得以传承，当一个人来到陌生的城市，入乡随俗的最佳途径是模仿当地人的装束和言行举止等。

沛西·能(Percy Nunn)说：“模仿和创造的联系对于教育非常重要。新式的教师往往阻止模仿，理由是束缚自我表现。这是一种错误。最有创造性的人们，发现他们自己对于那些沿着相同的自我表现的道路走在他们前面的人来说，仅仅是孜孜不倦地模仿他们而已。”

游戏 7 我的成功故事书

游戏时间：10～15 分钟
游戏难度：★★
参与人员：爸爸、妈妈和孩子
游戏场地：家中
适合年龄：6～7 岁
主要目标：在画画、贴贴、拍拍等制作图画书的过程中，使孩子了解自己的成长过程，体验成功的喜悦，进一步增强孩子的自信心
辅助目标：促进儿童自我意识的发展，提高儿童自我认知力

游戏方法

准备做封面的卡纸(可用包装纸等替代)、绘画纸、彩色笔、不干胶等。收集有关的照片和图片。

1. 指导孩子选择生活中最熟悉的内容作为题材。如孩子的成长过程、参加活动的情景照等。

2. 用纸张做成一页一页的活页纸，在每页打孔后用线、绳、绸带等物扎结。

3. 进行图画书的设计。封面上可贴全家照，封底可为儿童的自画像，体现浓浓亲情；也可以设计成“左右图书”，左面是儿童看的图画，右面写上简单的文字。

4. 为方便翻阅，可在制作完成后做有趣的页码标记。如苹果、小鸡等图案，如第一页画一个苹果，第二页画两个苹果，依次类推。

温馨提示

在亲子游戏“我的成功故事书”活动中，家长与孩子可一起寻找不同的材料内容，合作制作，各类图画书从选材到制作都可加入自己的创意。孩子与家长通过回忆孩子的成长经历，利用各种废旧纸张进行想象、黏贴，制作各具特色的游戏图画书。

专家解读

亲子游戏“我的成功故事书”的活动，其实是让孩子找生活中的成功体验。孩子成长中的每件事都是一次良好的生活感受，这种体验对孩子成长是积极的，是孩子内心深处的一种力量。当孩子遇到小挫折的时候，孩子内心会自动想到这些成长中的体验，就不会感觉到自己无法完成某些事情。

游戏8 孵小鸡

游戏时间：时间不限，根据具体的游戏情况，可长可短。

游戏难度：★★

参与人员：爸爸、妈妈和孩子

游戏场地：家中客厅、餐厅等空处

适合年龄：6～7岁

主要目标：通过道具的制作，为孩子搭建体验成功的平台，提升孩子的自信心

辅助目标：让孩子面对不同材质、大小的纸张，产生较为正确的判断，培养孩子手眼协调能力

游戏方法

1.先准备大小不一废纸若干，熟鸡蛋一个（或其他球状替代物）。

2.让孩子发令说："预备——起！"父母和孩子赶快拿起纸。

3.家长和孩子比赛，在大小相同的纸张上撕洞。观察鸡蛋的大小来决定洞的大小，能够让鸡蛋在最小的洞也能顺利穿过，为胜利。

4.可以接着再撕再钻，最后孵出鸡蛋最多的人为优胜。要是将纸撕破了，就算失误。

温馨提示

游戏时，父母可以根据孩子的年龄特点选择纸张等材料，由易到难、循序渐进，游戏中要让孩子有获胜的机会，提高他们参与活动的积极性。

专家解读

眼睛被喻为心灵的"窗户"，手则是人赖以生存的最主要"工具"，故有十指连心之说，手、眼协调能力的发展具有重要的意义。

孩子最初的手、眼协调能力是无意识的，爸爸妈妈应悉心启

迪其智慧。比如:先看图片,再给实物,看手、眼能否协调;或提供缺少部件的图片,先由孩子找出凳子少腿、茶壶缺把等毛病,再让他画上去。还可让他剪下喜爱的图案,或者进行穿针引线、穿珠子比赛等活动。

游戏9 袋鼠跑跳

游戏时间:5分钟
游戏难度:★★
参与人员:爸爸、妈妈和孩子
游戏场地:家中空地
适合年龄:6～7岁
主要目标:能让孩子感受到父母对自己的关注,促进亲子关系,培养儿童的自信心
辅助目标:孩子协调能力的培养

游戏方法

准备一套拼图卡,家长先将拼图卡散放在家里的各个位置,要孩子根据提示去寻找。孩子手拎袋子,模仿袋鼠跳,将找到的拼图卡放在袋子里。在找齐所有拼图卡后,让孩子快速拼出来。

温馨提示

袋子的高低大小要适合孩子,避免孩子在来回跑跳时摔倒。同时,提醒孩子在拉着袋子跑时,要手脚协调,注意安全。

专家解读

在游戏过程中,家长应该相信自己孩子的天赋和能力,放开手培养孩子,并对孩子说:“孩子,你可以的!”孩子都是以别人对自己的看法来认识自己的,只要爸爸妈妈认为他行,孩子就会受到鼓励,就能主动动手动脑去完成,从而获得较快发展。

许多教子有方的爸爸妈妈总结出这么一条宝贵的经验,那

就是相信孩子有一颗自信的心。这一认知很重要，它能使爸爸妈妈在教育孩子时保持积极的心态，去支持、鼓励孩子，使孩子在成长过程中始终保持一种乐观向上的情绪，并充满自信。

游戏 10 城堡大战

游戏时间：10 分钟

游戏难度：★★★

参与人员：爸爸、妈妈和孩子

适合年龄：7～8 岁

游戏场地：家里开阔的场地

主要目标：培养孩子的反思能力、提高孩子的自信。在不断搭建和破坏城堡的过程中，培养孩子仔细观察事物的能力，从而激起孩子探究搭建牢固城堡的方法，有利于促进儿童自我反思能力的发展。同时，通过反复地搭建，孩子的成就感得到不断的满足，提高儿童面对困难时的自信，从而进一步培养儿童勇于挑战、永不放弃的精神

辅助目标：培养孩子的身体协调能力

游戏方法

1. 爸爸和妈妈先邀请孩子一起拿积木盖一座城堡，等城堡盖好之后，告诉孩子要进行一个丢炸弹的游戏。

2. 爸爸妈妈和小朋友轮流拿球攻击城堡，直到城堡倒塌为止。

3. 大家一起再把城堡盖起来，引导孩子想想盖成怎样的城堡比较不容易被摧垮。

4. 再轮流用球攻击。

温馨提示

如果是纸积木，可以让孩子将其叠得高高的，再享受推倒时

的乐趣；但如果是实心的积木，则高度不宜高于90公分，避免掉落时碰伤孩子。

在丢球前一定要告知孩子，不可以将球丢到别人身上。

专家解读

对于7岁的孩子，学习和生活中遇到的最大问题就是学习的压力。城堡大战的游戏，让孩子在不断搭建城堡的过程中，探究搭建牢固城堡的方法。

在不断破坏城堡的过程中，提高孩子面对困难的能力，从而进一步激发儿童再挑战自己的勇气，培养永不放弃的精神。

在游戏中，父母要利用一切机会与孩子交谈，通过交流来激发孩子思考。但是，要注意的是，讨论问题时，要尽量谈一些有利于孩子独立思考的问题，而不是代替孩子去思考。孩子碰到任何问题，父母只能为他提一些具体的建议，启发孩子自己想办法，或让他自己作判断。

游戏 11　我是勇士

游戏时间：20分钟

游戏难度：★★★

参与人员：爸爸、孩子

游戏场地：家中客厅或较空旷场所

适合年龄：7～10岁

主要目标：培养拓展思维和磨炼孩子的意志，培养孩子的自信心；同时，培养孩子的协调配合能力。在此游戏中，家长通过让孩子想计策，再进行多次尝试，获得成功，不仅增强了孩子的灵活性，降低危险系数，也让孩子学会在碰到危险紧急情况时保护自己

辅助目标：培养孩子的反应能力

游戏方法

1. 爸爸和孩子均穿好“盔甲”(用纸板和橡皮筋等制作,在纸板上粘有一个个圆形橡皮泥),装扮成勇士各自手拿“宝剑”(用报纸、挂历等其他材料制作)。

2. 站在长方形的纸板(区域)上,中间画有分界线,爸爸和孩子各站一边,攻击时脚不能离开纸板。

3. 各自用“宝剑”去刺对方身上的橡皮泥(橡皮泥上有凹洞,表示刺中)。此时,要想办法去刺中对方,又要躲闪不让对方刺中自己。

4. “盔甲”上橡皮泥的凹洞最少为勇士,给予奖励。

温馨提示

制作盔甲和宝剑的纸不要太硬,宝剑最好不要用木质的,以免用力不当,碰伤孩子。如果家中有空间大的地方,又有一个大纸箱,也可把纸箱作为格斗场地进行游戏。

爸爸在游戏中适当退让,让孩子多赢几次,以增加其自信。

专家解读

意志是人根据预定的某种目的去行动,并用自觉态度克服困难的一种心理过程。儿童从出生到 2 岁期间已有了意志行动的萌芽,随着言语调节能力日益增长,孩子的意志有了新的发展。游戏和劳动是培养孩子意志的好方法。心理实验证明,要求孩子站着不动,如果仅为保持一定姿势,孩子就不易控制自己;如果在游戏中担任一个角色,比如学习士兵站岗,则能保持较长的时间。家长可以在家庭的简单劳动中,有意识地让他充当一种角色,比如可以让他充当“小雷锋”的角色,孩子意识到自身的责任,就会产生很强的意志力。

在儿童意志培养的过程中,要特别注意防止孩子任性的表现。有些孩子有时会坚持自己的不合理要求,例如,家长买不到他要的玩具时,他就会大哭大叫,甚至会向家长发脾气:“你走开，我讨厌你！”形成这种“犟脾气”，与家长平时的教育有关，家长平时对孩子娇生惯养，处处顺从他们，其结果必然会养成孩子蛮横任性的性格。因此，培养孩子的个性与行为，必须要以良好的动机与目的为前提。要引导孩子多想想别人，不能什么都是从“我自己”出发。孩子一旦产生固执己见的毛病，父母就要提高警觉，正确引导，努力纠正。

游戏 12 莲蓬头

游戏时间：5 分钟

游戏难易：★★

参与人员：孩子和父母中的一位

游戏场地：淋浴房

适合年龄：7 岁左右

主要目标：通过游戏，培养孩子的自信心。4～8 岁是学习游泳的最佳时期，但是孩子往往害怕闷水，一旦过了闷水关，孩子的游泳兴趣会突飞猛进。克服了这一障碍的孩子，会因自己的勇敢而佩服自己，从而自信心增加

辅助目标：养成孩子独立洗澡的生活能力

游戏方法

1. 家长不时地用莲蓬头冲击孩子的脸面，或在洗澡时让孩子站在莲蓬头下自然冲水。

2. 在冲击孩子脸面时可以提醒孩子：大水柱要来了！或用歌曲《我爱洗澡》形式来进行，唱到“噜啦啦噜啦啦……”时用“大水柱”冲水，让孩子做好屏息准备。

3. 自然冲水时可以一边搓洗身体，一边数数，看看孩子能屏息多长时间，逐步延长屏息时间，提高屏息的能力。每次都要为孩子记录时间，还要多鼓励孩子增强他们的自信心。

温馨提示

大水柱的冲击必须提前提示孩子，冲击的时间不要过长。孩子不适应时以自然冲水为主。

专家解读

造成孩子缺乏自信的原因主要有三个方面：

1. 家长包办代替过多，不让他们自己动手做些力所能及的事情，使他们缺少对自身能力的认识。

2. 家长经常用各种危险恐吓孩子："别爬高，会摔断你的腿！""别去学游泳，淹死怎么办？"这些教育方式会使孩子不敢大胆尝试做任何事情。

3. 望子成龙心切，期望值太高，使孩子尝不到成功的喜悦，反而得到许多因失败而产生的斥责，孩子心理负担太重，害怕失误，于是羞于表现自己。

孩子的自信大都来自家长。他们往往根据家长的评价来进行自我评价。积极的评价就使他们对自己产生积极的认识。家长切不可用"你太笨""真没用"这样的话来指责孩子。家长要根据孩子的能力制定适当的努力目标。目标太容易实现会产生不了激励的作用；太难实现，则容易被孩子放弃，还容易给孩子造成挫折感而丧失信心。多让孩子体验成功的喜悦，就能使他增加自信。

游戏 13　建造梦幻家园

游戏时间：20 分钟

游戏难度：★★★★

参与人员：父母、孩子和其他几组家庭

游戏场地：户外或宽敞的场地，以接力赛的场景布置，设置起始点，家长和儿童用绳子绑住各自的一条腿，终点处以一堆积木或小树来表示。

适合年龄：5～8 岁

主要目标：培养儿童和爸爸妈妈共同完成任务的自信心。对儿童来说，这样的活动还是有挑战的，通过亲子接力的形式，激励儿童敢于接受挑战的勇气，同时也要培养儿童有完成任务的自信

辅助目标：培养孩子的独立性。增强儿童对体育活动的兴趣，提高儿童的身体素质。让孩子们在运动过程中体验和成人大胆交往的氛围，感受亲情之爱

游戏方法

1. 游戏分成两队进行比赛，每队有 4 个组，每个组由一位家长和一位儿童组成。在起跑前家长和孩子用绳子绑住各自的一条腿。

2. 第一组家长和孩子，听到发号令，齐心协力地往前走，走到终点，将手上的积木搭成“梦幻家园”底层。然后返回拍第二对家长的手。依此类推，到第四组家长和孩子到终点时整理和完善“梦幻家园”。

游戏规则

1. 一定要等前一组返回后，第二组才可以出发。

2. 建造“梦幻家园”时，“砖”上有“梦幻家园”四个字，必须按次序进行建造。

温馨提示

儿童在和家长两人“三足”（有条腿是捆绑在一起）走的时候要控制好节奏，以防摔倒。

专家解读

你能很容易地看出孩子什么时候对他自己感到自豪。每当他按照形状把三角形归类，把球从玩具城堡的大门弹进去，他都会高兴地发出尖叫。这些展示孩子控制能力的时刻，不仅带给他满足感，同样也能帮助他建立起自信心，感到自己能够控制自己的世界，这会让你的孩子继续探索和尝试新的事物。

每个父母都想培养自信的孩子，但要做到这一点并不容易。教给孩子那些超出他能力范围之外的技能，可能会损害他天生的求知欲；总让他做已没有任何挑战性的练习，效果也一样糟。问题的关键是为不同年龄的孩子找到适合的游戏。

很多父母都觉得，孩子还不懂事，能做的事情也很少，要等到孩子年龄大些才开始培养孩子的独立性。其实不然，也许孩子还不能自己去做什么事情，但是责任感的意识，应该是越早培养越好。

儿童的自主行为不但能满足其对环境的主控性，而且能促使孩子去承担后果，从中发展负责的概念并养成负责的行为。换句话说，过度压抑或限制孩子的选择或强迫干预孩童的作息，其实并不利于孩子独立性与责任感的发展。

游戏 14 未来的小区

游戏时间:60 分钟

游戏难度:★★★★

参与人员:爸爸、妈妈和孩子

游戏场地:活动室地面

适合年龄:9～10 岁

主要目标:培养孩子坚持不懈的精神和自信心。游戏通过亲子合作,共同设计“未来小区”,培养孩子的自信心。小区的设计要有环保的概念,培养孩子的环保意识,鼓励孩子对环境设计有自己的想法,并鼓励孩子对自己的设想敢于尝试制作,从而培养、增强孩子的自信心。发挥孩子想象力,创造性地利用废旧物品进行构建活动

辅助目标:增进孩子与父母间的亲密关系

游戏方法

1.孩子和父母一起绘制未来小区的设计图。

2.利用各种废旧物品，如瓶子、一次性杯子、纸板、绳子、盒子等。

3.根据设计图构建未来小区的模型。

温馨提示

游戏中鼓励孩子发挥想象，大胆想象未来的小区，并且利用各种废旧材料进行构建，父母在一旁进行协助。当孩子碰到困难时，要进行鼓励和帮助。

专家解读

针对孩子没有毅力、做事没有恒心的特点，父母应该在以下几方面加以注意：

1.培养孩子持之以恒的意志力。对于意志力薄弱的孩子，父母要经常激励他们，锻炼他们的意志力。当孩子遇到困难准备放弃时，父母要及时给他们打气，鼓励他们想办法继续坚持下去。无论遇到什么困难，都不能轻言放弃，要坚持到底。孩子有较强的意志力，有不甘落后的决心，那么在学习过程中就有强大的动力，也就能够坚持不懈、一气呵成地做事。

2.给孩子制定的学习目标要符合孩子的能力。许多孩子的学习之所以会半途而废，有一个很重要的因素，就是父母、老师给他们出的题目太难，定的目标太高。孩子即使尽了全力也无法顺利完成，这会打击孩子的自信心。失去了自信心，孩子又怎么能坚持学习、毫不懈怠呢？

3.每位父母都有“望子成龙”“望女成凤”的心愿，都对孩子寄予厚望，希望他们将来能够大有作为。父母的期望虽然很好，但这会造成孩子背负沉重的心理负担，影响他们学习的积极性，孩子因而产生消极、逃避的心理，最后也会导致他们在学习过程中半途而废。

因此，父母要根据孩子的实际情况，调整自己对孩子的期望，减轻他们的身心压力，让孩子有一种“跳一跳，就可摘到果实”的感觉。让孩子在一个轻松的环境中学习，这样才能学得透彻，学到精髓。

4. 父母要监督、引导、鼓动孩子学习。任何孩子都有惰性，在学习的过程中，免不了因偷懒而停下来，或者在学习过程中遇到解决不了的问题而沮丧，甚至放弃。

父母在孩子学习的过程中扮演督导的角色，并适时给予指导与鼓励，帮助他们克服软弱、惰性，增强他们的信心，保持学习的连续性。长期坚持下去，孩子就会养成持之以恒的好习惯。

游戏 15　奇妙的时钟

游戏时间：30 分钟

游戏难度：★★★

参与人员：爸爸、妈妈和孩子

游戏场地：有镜子的地方

适合年龄：7～8 岁

主要目标：在制作时钟、辨认时针分针、镜中观察的过程中，获得成功的体验。通过孩子在游戏中的成功体验，提升孩子的自信心

辅助目标：通过对镜面画像的观察，进行反向思维，培养儿童逆向思维的能力

游戏方法

1. 爸爸、妈妈和孩子一起收集废旧材料，制作玩具时钟。

2. 爸爸或妈妈拨动时钟上的分针和时针，孩子说出正确的

时间。

3. 孩子面对镜子而坐，爸爸或妈妈在孩子的身后拨动时针，孩子尝试看着镜面的时间，说出是几点钟。

4. 爸爸或妈妈说出几点，孩子对着镜子来拨动时钟。

5. 游戏交替进行，用时钟和记录卡等进行记录。

温馨提示

在游戏中，家长可以提示孩子镜子中左手伸出来的时候，实际是自己的右手。我们要用逆向思维来思考。

专家解读

没有鼓励，孩子就不能健康成长，鼓励是培养孩子、帮助孩子树立自信心的一个重要方面。每一个孩子都需要被不断鼓励，就好像植物需要阳光雨露一样。当孩子试着做一件事而没有成功时，父母应避免用语言或行动向孩子暗示他的失败，而应该把事情和人分开，做一件事情失败了并不意味着孩子的无能，只不过孩子还没有掌握技巧而已。

在家长和孩子进行游戏的过程中，父母不可采用指责的态度，这样只会有损孩子的自信心。我们做父母的，如果能帮助孩子获得人生的第一次成功，让孩子品尝到成功的喜悦，孩子将会更加勇于追求成功。

父母给孩子帮助，是要让孩子通过游戏，获得点滴的成功体验，这并不是多么难的事情，做到“大处着眼，小处着手”，在每一个小小的成功中，积累一分一分的自信。

游戏 16　新款石头剪刀布

游戏时间:5 分钟左右

游戏难度:★★★

参与人员:孩子和父亲或母亲

游戏场地:不限

适合年龄:7～10 岁

主要目标:培养孩子的自信心,在有趣的游戏过程中,孩子通过获得胜利的喜悦增强自信

辅助目标:培养孩子的逻辑思维能力和快速反应能力。此游戏对传统的“石头剪刀布”游戏进行了修改,变一只手的游戏为两只手的游戏,减少了游戏结果的随机性。游戏者可以根据经验和快速的观察和思维进行判断,并在收回一只手的过程中,完成整个思维过程,增强逻辑分析能力

游戏方法

1. 孩子与家长进行“石头剪刀布”的游戏,喊出“石头剪刀布”,先各自伸出一只手,并保持不动;
2. 再次喊出“石头剪刀布”口号,各自再伸出另一只手;
3. 快速观察两个人双手的手势;
4. 两人同时喊出“收回一只手”;
5. 观察各自剩下的那只手的手势;
6. 判断胜负。

温馨提示

注意游戏前的讲解和示范,先帮助孩子理解规则再进行游戏。

专家解读

思维一般是通过这样的途径发展的,即直观行动思维到具

体形象思维再到抽象逻辑思维。

这种发展途径不是取代式的，不是说具体形象思维发展了，就取代了直观行动思维；也不是说抽象逻辑思维发展了，就取代了具体形象思维。它们在发展后，就将永久地保留在个人的思维结构中。也就是说，在成年人的思维里，有类似孩子般的直观行动思维；在科学家那里，也有小学生一样的具体形象思维。

不过，从思维本身的水平来说，抽象逻辑思维是最高水平的思维。培养孩子的思维能力，最终必然是要发展他们的抽象逻辑思维能力。尽管12岁以下的儿童基本上还没有形成抽象逻辑思维，但是，这并不意味着父母在培养孩子的思维能力时可以忽略抽象逻辑思维能力的训练。而是应该从早期就开始重视，在孩子刚刚学会使用语句的时候，就得开始着手训练孩子的抽象逻辑思维能力，例如对孩子的分类概括能力的培养。

第二章
让孩子的品质更优秀

优秀的品质是人生大厦的基石，是决定人成败的终极力量。小学阶段正处在人格奠基的关键时期，培养良好的品质，打好基础，孩子未来的道路才会更宽广。不然，孩子身上的不良品质会在他们今后的发展中起到不良作用，影响孩子社会性发展和事业发展。

自信、乐观、勇敢、进取、勤奋、认真、诚实、善良、宽容、谦逊、感恩、合作、创新等优秀品质都是我们需要关注的。在成长的道路上，学生需要用优秀的品质来启迪自己的智慧、激发自己的力量、升华做人的境界。

家庭是孩子的第一所学校，父母是孩子的第一位老师。优秀品质是在良好的教育环境中逐渐养成的。孩子所表现出来的品质往往是最受家长潜移默化影响的。只有懂得在生活中不断地提升自我，善于抓住契机教育，才是智慧的家长。从小培养孩子优秀的品质，帮助青少年在成长过程中塑造和完善自我，建立属于自己的品质体系，以优秀的品质成就卓越人生。对家长来说，培养孩子优秀品质的重要性远远胜于培养孩子对具体知识技能的掌握。

游戏17 袋鼠一家

游戏时间： 3分钟
游戏难度： ★★★
参与人员： 爸爸、妈妈和孩子
游戏场地： 家中空地上或草坪上
适合年龄： 6～7岁
主要目标： 培养孩子的自控能力；增进孩子与父母之间的亲近感；培养孩子的协调能力。六七岁的孩子正是活泼好动的时候，通过游戏的方式让孩子学会自控，对上学后发展孩子的自制能力有很大的帮助
辅助目标： 培养孩子的身体平衡能力

游戏方法

孩子扮演小袋鼠站在前面，妈妈扮演袋鼠妈妈站在后面，双手搭在孩子的肩上。母子两人节奏一致地向前跳跃。当爸爸扮演的大狗熊出现时，袋鼠妈妈和小袋鼠赶紧站住不动。大狗熊绕着他们转一圈，做出各种怪相，如果袋鼠妈妈和小袋鼠忍住不笑不动则胜利。

温馨提示

母子两人在跳跃时可让孩子发出指令。

专家解读

儿童期是孩子自控能力发展的关键时期，自控能力的强弱直接关系到孩子今后的社会适应能力和学习能力，因此，培养自控能力对促进孩子成才十分重要，尤其是对坏脾气的孩子和多动的孩子更为重要。家长要有意识地培养孩子的自控能力，这种“有意识”并不需要特别的准备，而是需要父母融入到孩子的认识世界，很自然地培养孩子的自控能力。这样的活动称为运

动性心智训练。

生活中充满了这样的“运动性心智训练”机会，大家都能充当“训练师”的角色。“袋鼠一家”这个游戏在此给父母们一点小参考。

游戏 18 钓“鱼”比赛

游戏时间：3 分钟

游戏难度：★★★

参与人员：父母、孩子和其他家庭成员

游戏场地：小区空地、学校操场等空旷位置

适合年龄：7～10 岁

主要目标：通过活动培养孩子耐心。比赛增强孩子和家长之间的默契程度，增进孩子和家长之间的亲情

辅助目标：培养孩子的专注力

游戏方法

1.每个家庭为一组。有多个家庭参加,就采用小组间竞赛的方式。

2.在规定的3分钟时间内,孩子和家长一起手持一根“鱼竿”钓“鱼”,每个家庭钓三条“鱼”。

3.先钓完的一组为赢家,即可得到奖品一份。

温馨提示

可在一次性的纸杯表面画上小鱼的形状,用废报纸搓成细棒做鱼竿,用牙签做鱼钩。在一次性纸杯的底部挖洞,洞的半径是整个纸杯底部半径的一半,纸杯倒置,剪好的洞口正好能使“鱼竿”上的牙签横穿进去并吊起即可。

专家解读

耐心被认为是一个人心理素质优劣的衡量标准之一,也是孩子未来成功的关键因素之一。培养孩子的耐心不仅对他在学习上有帮助,而且对他今后的人生道路也有很大的影响。

耐心对于人际互动与学习过程都很重要,比如礼让、轮流与等待等,是维持稳定人际关系的重要社交礼仪,而且在成长的过程中遇到困难与瓶颈时都需要耐心来克服这种挫折感。耐心主要的内涵是:自我的情绪与行为的控制能力,其实在大人身上就是所谓的情绪智商。但若是耐心的功能失常就可能导致学习意愿低落与人际关系的失败,但若能耐心克服困难与解决问题,对于小孩的自信心就会有相当大的帮助,且这与小孩未来的人格成熟有很大的关系。

游戏 19 玫瑰花开

游戏时间：5 分钟

游戏难度：★★★

参与人员：爸爸、妈妈和孩子

游戏场地：小区空地、学校操场

适合年龄：7～10 岁

主要目标：通过活动培养孩子认真、耐心、仔细的品质；引导孩子学习如何与家长分工合作

辅助目标：培养孩子的合作能力

游戏方法

1. 一个家庭为一组，分为几组。

2. 让孩子和家长进行分工，由谁负责削橙子皮，谁负责把橙子皮卷起做成玫瑰花的形状。

3. 孩子向家长赠送橙皮“玫瑰花”，并说一句祝福的话。

游戏规则：游戏以5分钟为限，5分钟之内看谁的“玫瑰花”做得又多又好。

温馨提示

橙皮的削法和苹果皮的削法一样，把削好的橙皮由内往外卷起来，就构成玫瑰花的造型。在使用水果刀时请注意安全。

专家解读

孩子毕竟是孩子，许多孩子都缺乏耐心。只要想到了或者听到了，他们便要求立刻兑现，否则便不停地纠缠、吵闹，直到父母满足他们的要求为止。

这其实并不奇怪，因为孩子的耐心并不是与生俱来的，而是需要后天的培养。当孩子不停地用哭闹强迫父母满足他的要求时，父母要沉得住气，一定要注意对孩子进行耐心训练。只有父母付出耐心才会培养出孩子的耐心。那么，怎样培养孩子耐心的习惯呢？家长多与孩子在一起进行类似“玫瑰花开”的活动，将有利于培养孩子的耐心。

游戏20　扔不碎的蛋宝宝

游戏时间：游戏时间大约2小时，家长可分两段进行，即“容器设计制作”和“落蛋比赛”，而具体的每段游戏时间，可以根据孩子的年龄特点灵活把握。

游戏难度：★★★★

参与人员：爸爸、妈妈和孩子

游戏场地：客厅或户外平地

适合年龄：7～10岁

主要目标：通过亲子合作完成游戏，共同体验成功的快乐，并在一次次克服失败的过程中提高孩子耐挫力

辅助目标：增进亲子感情

游戏方法

需要准备的游戏材料有：

1. 每个家庭一包吸管和若干透明胶带。

2. 生鸡蛋 2～3 枚。

第一阶段游戏：

1. 家长首先向孩子详细介绍游戏的内容，并根据游戏的基本要求，与孩子一起设计游戏所需的主要道具——容器的大致形状。

2. 根据容器制作要求，准备好各种不同颜色的吸管、透明胶带、手工剪刀等材料和工具。

3. 按照设计的形状，家长和孩子一起用事先准备好的吸管、若干透明胶带等材料，合作自制容器。

第二阶段游戏：

1. 家长先进行“落蛋试验”，以测试并调整容器直至“试验”成功。

2. 家长与孩子进行比赛，看谁的胜利次数多。

温馨提示

1. 只能运用仅有的材料制作容器。

2. 要求生鸡蛋从 1.5 米的高度自然下落。

3. 鸡蛋掉入容器不破碎的为胜出。

专家解读

儿童心理学家经数年研究发现，注重培养孩子快乐的性格有利于孩子健康成长。如何培养具有快乐性格的孩子呢？

1. 增强与孩子之间的感情。在快乐性格的培养中，友谊起着重要作用。此外，还要让孩子经常与其他同龄人一起玩耍，让孩子在愉快的外部环境中受到熏陶。

2. 给孩子提供决策的权力。快乐性格的养成和孩子的生活有着密切的联系。父母要设法给儿童提供机会，使他们在小时候就知道怎样使用自己的决策权。如允许 6 岁的儿童选择自己喜欢的课外兴趣班，生活中的点滴小事都能对孩子的乐观性格产生影响。

3. 教孩子调整心理状态。父母应使孩子明白,有的人之所以一生快乐,并不是他们一帆风顺,他们也有情绪低落的时候,他们之所以能够积极乐观地面对生活,是因为他们具备很强的适应力,能很快从失望中振作起来。在孩子遇到挫折时,父母可帮助孩子调整心理状态,使他们快速地平复心情。

4. 保持家庭生活的美满和谐。在幸福的家庭中成长起来的孩子,由于具有快乐的性格,成年后的幸福生活指数要明显高于在不幸家庭长大的孩子。

游戏 21 寻宝奇兵

游戏时间: 3 分钟
游戏难度: ★★★
参与人员: 爸爸、妈妈和孩子
游戏场地: 大中型规模的超市
适合年龄: 7～10 岁
主要目标: 在规定时间和规定范围内找出任务条上的所有物品,培养孩子的耐心、细心和观察力
辅助目标: 培养孩子的积极主动性

游戏方法

1. 每位孩子从 25 张图片中抽取 5 张图片,根据图片从货架上寻找相应的商品。

2. 3 分钟之内必须回到起点,最先找到准确的商品家庭为赢家,即可得到奖品一份。

温馨提示

寻找物品的过程中请注意安全。

专家解读

孩子做事缺少耐心,在心理学上被称为注意力易受干扰。

有些孩子确实特别容易从一项活动转移到另一项活动上，他们在长大成人后往往还保留着不同程度的浮躁、浅尝辄止的坏习惯。因此帮助孩子从小养成耐心、细心的好品质是非常必要的。

当然，家长也有掌握孩子耐心限度的必要。科学实验证明：在良好的环境下，3 岁儿童能连续集中注意力 3～5 分钟。4 岁儿童能连续集中注意力 10 分钟，五六岁的孩子能坚持 15 分钟。孩子年龄小，耐心差属于正常情况，家长不必过分担心。

在游戏过程中，家长也须掌握孩子耐心限度的规律来设定和孩子玩游戏的时间。当然，家长在游戏中，可以有意识地给孩子设置障碍，为孩子提供一些克服困难的机会。因为耐心是坚强的意志磨炼出来的，越是在困难的环境中，越能锻炼孩子的耐心。要鼓励孩子做事不能半途而废，做好一件事要经过努力才能完成。孩子经过努力完成一件事后，应当给予表扬，强化他们做事有始有终的良好习惯。

游戏 22 竹竿舞

游戏时间：30 分钟

游戏难度：★★★★

参与人员：爸爸、妈妈和孩子

游戏场合：家中的小客厅或室外空旷的草地上

适合年龄：6～10 岁

主要目标：让孩子在有节奏、欢快的竹竿舞中游戏，培养坚韧的性格

辅助目标：培养孩子学会自我调整心理状态。家长们在和孩子的游戏互动过程中，除了教孩子正确分析和理解造成挫折的原因外，也要帮孩子做好应对困境的心理准备，从小培养孩子以坚韧积极的心态来面对自己周围的一切

游戏方法

1. 准备两根长短(约 2 米)粗细相同的竹竿,并把竹竿打磨光滑。

2. 父母分别站在竹竿两端,手握竹竿按节奏进行分开、合拢敲打。

3. 孩子随即在分开、合拢的敲打节奏中跳进、跳出,培养孩子坚韧的意志力和双脚的协调性。

温馨提示

1. 游戏刚开始时,父母在敲打竹棒的时候节奏要慢,让孩子慢慢适应,同时避免竹棒敲打到孩子的双脚。

2. 在孩子初步熟练的基础上,父母可以加快敲打竹棒节奏。

3. 父母和孩子可以轮流交替玩此游戏。

专家解读

孩子的情绪状态还会影响其参加各种活动。如某种活动与愉快的情绪体验联系在一起,孩子就很乐意参加,反之则会引起孩子的厌恶和拒绝。

除此之外,孩子是否快乐也影响到其人际交往方式。快乐的儿童总是喜欢和小朋友一起玩,也能忍让,而忧郁的儿童则经常独自待着或攻击他人。所以,保持愉快的情绪是儿童健康成长的条件之一。

游戏 23　家庭休闲野餐

游戏时间:60 分钟
游戏难度:★★
参与人员:父母、孩子和孩子同伴的家庭成员
游戏场合:宽阔的草地
适合年龄:7～10 岁
主要目标:培养孩子做事认真、耐心等良好品质,教会他们用一颗感恩的心来对待世界
辅助目标:培养孩子懂得分享的良好品质

游戏方法

爸爸、妈妈与孩子可在节假日约上朋友，在野餐前先自制一些可口卫生的食物，最好是让孩子自己参与制作，在户外与朋友家人共同分享美食。

温馨提示

1. 注意天气预报，选择风和日丽的日子出游。

2. 野餐的地点最好是人少且风景秀丽的郊外，如森林公园、海滩，带上食物、餐具和一块塑料布或方格土布等。

3. 为防野外点火时因柴草潮湿不易燃，可事先准备一些煤油，或其他的引火燃料。但是，不管在哪里举行野餐，只要点燃篝火，都必须注意防火，保证安全，不要在禁止烟火的地方起炉灶。野餐结束后立即将余焰用水浇灭或用土压熄，彻底熄灭后才可离开。

4. 在地上铺上塑料布，四边用干净的石块压住。罐头、盒饭、饮料等不要一下子全倒出来，应吃一点取一点，将剩下的盖好，防止苍蝇等虫子叮爬。

5. 不要随便采集不认识的野菜、蘑菇、野果来食用，以防食物中毒。

专家解读

好多父母发现孩子在 7 岁左右开始变得非常的“自私”，自己的东西捂得特别严，有时候连妈妈都不给。所以妈妈们非常担心孩子长大后会不会也这样，这可怎么办呢？其实，所谓的“自私”其实是孩子的自我中心意识在“捣鬼”，这是孩子心理发展必然经过的一个阶段，妈妈们大可不必这么担心。

儿童自私的根源是以自我为中心，儿童的自我意识大约从一岁半开始发展，逐渐了解自己与其他人和事物是分开的，可以明显地表现出喜、怒、哀、乐等各种情绪，快乐时会大笑，不高兴时则会哭闹。

随着儿童自我意识的发展与肢体动作的日趋成熟，孩子开始有自己的主张，喜欢以自己的方式行事。如果他不要你插手帮他堆积木而你帮了他，他会以哭闹表示不快，甚至不让你碰他的积木。不过，当他要喝牛奶时，又会缠着你，要你立刻满足他的需要，如果不顺着他，他可能会大发脾气。这种“自我中心”的行为表现，在孩子儿童期最为明显。

当孩子自我意识逐渐萌芽，出现“自我中心”行为时，表示孩子向成长之路又迈进了一步。在孩子有需要的时候，他懂得向外界寻求关怀与支持。这个阶段的孩子，有时倔强、冷漠，会使敏感的父母感到失落，但千万别跟孩子生气，家长要耐着性子，视情况满足孩子的需要，让孩子得以从亲子互动的关系中，逐渐发展社交能力。一旦过了这一阶段，孩子就会重现过去对人友善的一面，迈向成长之路。面对孩子的这种行为，我们父母应该做的如下：

1. 以平常的心态对待孩子的行为。“我的”通常是这阶段孩子常常会挂在嘴边的一个词，是他们这个年龄阶段的典型言语表达。孩子把东西都看成自己的并不表明他自私，而是一个学习新知识的信号，孩子只有先懂得了“所有权”这个概念，才能开始慢慢学习分享。所以，当父母遇到孩子不愿意分享的情况时，不要发怒，也不要强制孩子分享东西。

2. 通过故事和游戏的方式让孩子明白分享的重要性。单纯的说教对孩子似乎效果不好，但是通过讲一些关于分享的故事，比如《孔融让梨》，或者跟孩子做一些交换的小游戏，就可让孩子明白只有把自己的玩具给小朋友们玩，小朋友才会给自己玩他们的玩具。父母一定要抓住日常生活中的教育机会，进行随时的教育。

3. 给孩子创设分享的机会，经常带孩子到一些小朋友多的地方玩，让孩子参与他们的游戏。孩子在游戏的过程中，会慢慢地学习和模仿别的小朋友的做法，这种教育的效果将更直接、更有效。总之，孩子的自我意识开始发展，父母要理解孩子的“自私”，耐心地引导孩子学习与他人分享，切不可急躁。

游戏 24　二“龙”戏“珠”

游戏时间:10 分钟
游戏难度:★★★
参与人员:爸爸、妈妈和孩子
游戏场地:小区空地、公共绿地、公园等
适合年龄:7～10 岁
游戏目标:通过道具制作和游戏过程,增进亲子交流,同时提高孩子与他人交流的能力和良好社会性
辅助目标:通过游戏培养孩子运动兴趣和生活兴趣

游戏方法

1.提供塑料篮子、竹、布等物扎制“龙”的模型和“龙珠”模型。

2.爸爸和孩子合作手持“龙”,妈妈手持“龙珠”,持“龙”的人边念儿歌边做“蛟龙漫游”等动作。

3.“龙珠”出现了,“龙”想尽办法追逐“龙珠”。只要“龙”的嘴巴碰到“龙珠”,“龙”就胜利;如果“龙珠”碰到了“龙”的尾巴,那就是“龙珠”胜利。

4.游戏可交换角色进行。

温馨提示

“龙珠”或“龙头”双手抱住双肩站立不动,则表示暂停游戏,对方停止追逐。

专家解读

俗话说:子女好与坏,在于沟通和关怀。家长要学会与孩子沟通的艺术。没有两代人之间正常的心理沟通,就没有卓有成效的家庭教育。要学会利用身边的景、物等来促进与孩子心灵的交流。这里介绍家长分享与孩子沟通的技巧和方法:

1.把自己变成孩子,和孩子融成一片。在和孩子进行交流时,很多家长喜欢用训斥和居高临下的态度去对待孩子,孩子在家里没有玩伴,会在心里对父母产生一种距离感和恐惧感。试问在这样的情况下,孩子怎么会敢和爸爸妈妈进行沟通,或对爸爸妈妈提出问题呢?

2.和孩子密切相处,了解孩子的想法和喜好。沟通最主要的一个方式就是聊天,爸爸妈妈要腾出时间和孩子相处,密切观察孩子对哪些事物感兴趣,了解他最近是否遇到苦恼的问题,然后就孩子的想法和喜好寻找话题进行交流,这样会激发孩子和父母交谈的兴趣,促进亲子关系。

3.学会倾听孩子,和学会向孩子倾诉。现在很多文章都在引导家长要学会倾听孩子,但却忽略了一点,那就是家长要学会向孩子倾诉。沟通是互动的,是双方面的。如果家长只一味倾听孩子的想法,那你的孩子就可能会变成一个只喜欢吐苦水,寻求他人帮助却不会倾听他人的想法和乐于帮助他人的人。

4.体会孩子的感受。当孩子的玩具损坏时,或当孩子和小伙伴闹别扭时,孩子会难过上好半天。如果家长认为,“小孩嘛,很快就会忘记的”,或者就只会一味和孩子说:“没关系的,要坚强点”,类似这样简单的安慰,孩子会觉得你根本体会不到他的难过,久而久之,他遇到困难就不会和你说,而是一个人憋在心里。如果父母改成说:“我也很难过,我们一起来想想看,有什么好办法可以解决这件事情,好吗?”相信这样你的孩子会很愿意和你沟通的。

游戏 25 趣味玩纸

游戏时间：20 分钟

游戏难度：★★

参与人员：爸爸、妈妈和孩子

游戏场合：家中空地

适合年龄：6～7 岁

主要目标：培养孩子的创造性思维和创造力

辅助目标：掌握跳、钻、爬等动作技能，发展动作的灵活性和协调性

游戏方法

利用家中的废旧报纸，与爸爸妈妈一起动脑筋想出各种不同的玩法，比一比，谁想出的方法最多、最有趣；讨论怎样玩报纸，需要注意什么问题。

玩法一：用单脚或双脚在报纸上跳，不把报纸弄破。

玩法二：跳远，将大报纸对半折后平铺在地。

玩法三：钻“山洞”，把大报纸连起来高举过头，变成一座“山洞”，玩钻“山洞”的游戏。

玩法四：练习爬行，把大报纸一张连一张平铺在地上，双膝跪在报纸上向前爬行，小心不能弄破报纸。

温馨提示

提醒孩子玩过的废旧报纸还是可以回收再利用的。

专家解读

研究创造力的学者喜欢将创造力比喻为“点石成金”的技术，他们鼓励家长：“如果没有能力给孩子金块，那么，就教给孩子‘点石成金’的功夫吧！”的确，创造力能化腐朽为神奇。人类

进化史上，那些林林总总的发明，就是创造力的具体表现。

创造力尤其适合于未来生活。因为随着计算机的发展，“记忆”不再那么重要，最重要的是如何以创新的观念和态度来解决问题。因此，如何启发孩子的创造力，是今后教育的重点，家庭教育自不例外。

然而，根据科学实验，智商受遗传的影响比较大，后天的努力只有少许的影响。但与智商同等重要的创造力，却充满可塑性，可经由“训练”达到令人满意的结果，而且一经“训练”，就不会消失。

游戏 26 废旧物品大制作

游戏时间：20～30 分钟

游戏难度：★★★

参与人员：爸爸、妈妈和孩子

游戏场合：家里

适合年龄：6～7 岁

主要目标：通过废旧物品的再利用提高孩子的环保意识，塑造孩子节俭行为，培养孩子的创新能力和想象力

辅助目标：通过制作活动增进亲子间的亲密关系，并让孩子感受到亲子活动所带来的乐趣，获得活动的成功体验

游戏方法

1. 家长与孩子一起收集平日里不用的闲置物和废旧物品，并且准备制作工具，如固体胶、双面胶、钉子、针线等。

2. 家长与孩子一同确定一个主题。大胆构思与设计，运用收集到的闲置物和废旧物品进行巧妙的制作。

温馨提示

制作前要鼓励孩子与家长一起设计，让孩子以主要成员的身份参与活动。

专家解读

从某种意义上来说，创造是人类社会发展的永恒主题，更是当今科学社会发展与进步的主旋律。因此，培养孩子的创造力是具有重大意义的。但是，怎样来培养孩子的创造力呢？一般而言，要注意以下十点：

1. 创造一种气氛，使每个孩子都受到尊重与重视。

2. 让孩子懂得自尊，并能够提出自己的思想与看法。

3. 应当使孩子获得创造成就的勇气和信心，并应当许可他们进行创造性的尝试。

4. 孩子需要获得学习上的自由。

5. 孩子需要家长对他的新奇念头、想象力和别出心裁进行称赞与鼓励。

6. 应当鼓励孩子去探索和选择新途径。

7. 好问应当是教育的主要目标。

8. 家长应当做到倾听、观察和指导。

9. 家长应当避免引起孩子对压力的恐惧。

10. 家长应当避免在评价孩子中迷信权威。

游戏27 小当家

游戏时间:10分钟

游戏难度:★★★

参与人员:爸爸、妈妈和孩子

游戏场合:家中厨房

适合年龄:7～10岁

主要目标:培养孩子爱劳动的好习惯。色彩鲜艳的果汁是孩子喜欢的饮料,对孩子来说能和父母一起劳动是最开心的事情,游戏能增进亲子间的情感

辅助目标:通过游戏丰富知识和经验,认识常见的蔬果,了解水果对我们身体的益处

游戏方法

需要准备的游戏材料有:各类蔬菜水果和榨汁机。

1. 孩子在父母的指导下,将蔬菜水果清洗干净,由孩子放入榨汁机中,并启动开关。

2. 父母可以给孩子设计一个能让他做主的区域,如小茶吧、小书吧等,让他自主经营。家人可以扮演顾客,提供材料,提出建议,适当地给些奖励。

温馨提示

注意材料设备的安全性,例如:榨汁机的清洗等要父母帮忙。

专家解读

每位家长都希望自己的孩子尽快成才,所以特别关注孩子的学习,而对孩了是否参加劳动漠不关心,认为那是无关紧要的,这是今天独生子女家庭普遍存在的一种现象。事实上,这种把孩子的成长与劳动割裂开来的观点,是与孩子健康成长背道而驰的。

1. 劳动促进智力发展。孩子在劳动中,通过观察客观世界,

运用他们所学习的知识和技能，使智力和体力同时活动起来，从而促进两者的发展。国外有一项研究表明，那些童年时劳动得分最高的人，成年后成功的可能性比得分低的人要高出10倍，获得高收入的可能性大4倍，而失业的可能性小15倍；童年时很少劳动的人，精神不健全的可能性大10倍，犯罪的可能性也较高。那些代替孩子做一切事情的父母，实际上是害了孩子。苏联教育家苏霍姆林斯基也指出："请你记住，劳动不仅是一些实际技能和技巧，而首先是一种智力发展，是一种思维和语言修养。"这就是说，孩子通过参加劳动使各方面得到锻炼，一方面可以培养他们的劳动观点、劳动技能、劳动习惯；另一方面有利于促进孩子的身体发育、心理健康、智力发展及培养坚强的意志和克服困难的毅力和勇气。

2.养成孩子劳动光荣的意识。马克思说："任何一个民族，如果停止劳动，不用说一年，就是几个星期，也要灭亡，这是每一个小孩都知道的。"当马克思的女儿燕妮问世界上什么最光荣时，他坚定地说："劳动最光荣。"今天，由于家庭生活现代化，再加上父母存有补偿心理，对孩子的事情"大包大揽"，使得一些孩子出现鄙视劳动的倾向，他们喜欢体验的是安逸享受，而不是劳动锻炼，这对孩子身心健康发展是很不利的。家长应让孩子逐步认识到，是劳动创造世界，劳动创造价值；让孩子了解包括体力劳动在内的一切劳动在社会发展中的作用，从小就具有劳动光荣的意识，并让孩子去体会劳动所带来的幸福和喜悦。

3.培养孩子的劳动习惯要有耐心。培养孩子的劳动习惯必须从小开始，这需要父母付出很多的耐心和精力。因为小孩子的能力是有限的，他们学会每一种劳动都要付出很大的努力。在现实生活中，很多家长在孩子最初学习自己做事时，都表现出没有耐心，使孩子劳动兴趣受挫。经常可以看到这样一种现象，正当小孩子饶有兴致地自己穿衣服的时候，等在一旁的母亲实在耐不住性子，一把扯过孩子，三下两下就给孩子穿好了，而孩子的小嘴却撅得高高的。因为妈妈破坏了他自己做事情的积极性和兴趣。如果父母总是这样包办代替，久而久之孩子的劳动欲望就会萎缩。其实，任何一种好的习惯，都不是在短时间里形成的，而需要经历一个长期的过程。培养孩子的劳动习惯也是如此，它是在反复劳动实践中逐渐养成的。因此，家长一定要有耐心。开始时，孩子可能做得不好，这不要紧，只要孩子肯做，多做几次就会成功。有些父母嫌孩子做不好，就不让孩子做了，或者干脆替孩子做，这样不利于培养孩子的劳动习惯。

4.培养孩子珍惜劳动成果和勤俭节约的好习惯。现在，随着家庭物质生活水平的提高，一些家长逐渐忘记了过去生活的艰苦，再加上一些家长存有补偿和攀比心理、追求时尚的心理，所以他们不是根据孩子生活和学习的需要去安排孩子的一切，而是无限制地给孩子提供各种奢侈品，使孩子的物欲不断膨胀，逐渐养成不愿劳动、贪图享受的习惯。甚至一些孩子为了满足自己的物欲走上犯罪的道路。在现实生活中，这种经验教训是很多的，应该引起家长们足够的重视。家长可以用一些生活中的事例让孩子懂得，一个人只有勤劳、节俭，才可能创造和拥有幸福而美好的生活。

游戏 28 跳跳球——抛接

游戏时间：10 分钟

游戏难度：★★

参与人员：爸爸、妈妈和孩子

游戏场合：家中空地

适合年龄：7～8 岁

主要目标：提高孩子的注意力，培养孩子专注能力。孩子要接到父母发出指令的球，必须听得认真、看得仔细。做这个游戏能培养孩子做事认真的好习惯

辅助目标：通过游戏锻炼孩子的运动技能

游戏方法

准备的道具有网球拍、网球。

1. 让孩子手拿球拍，将球往空中抛去，当球落下来时，再用球拍接住，同时搭配唱数游戏，例如：1 个、2 个……

2. 爸爸将球往地上丢过去，孩子手拿球拍，当球触地弹起时，让孩子把球接住，再投给妈妈。

3. 父母投球时，可以一次丢好几个颜色的球，然后指定孩子接其中一种颜色的球。

温馨提示

丢好几种颜色的球让孩子接的时候，要注意球的高低方位，避免碰疼孩子。孩子接到球时，要记得给他热烈的回应，例如"好棒喔"之类。

专家解读

孩子不专心的原因很多，比如孩子天性活泼好动，对某些活动没有兴趣，或者在做事时盲目、无目的，或者做的事情太复杂，或者所处环境不合适等。父母要分析原因后，有针对性地培养孩子的注意力，因为注意力不集中必定会影响孩子的成功。

1. 让孩子去做自己感兴趣的事情。兴趣爱好是保证专心致志的首要条件，在孩子生长发育过程中必定有他感兴趣的东西，家长应围绕他的兴趣，为他提供有趣而丰富的素材。比如婴儿喜欢撕纸，不妨给他一些旧报纸让他撕个够；孩子喜欢游戏，不妨让他去尽情地玩，在这些活动中他肯定会专心，久而久之，小孩就会养成专心的习惯。

2. 让孩子有的放矢地游戏。目的性能保证游戏持续进行。比如玩拼图最终就是要拼出完整的图来，堆积木就是要堆出一座房子来。如果缺乏目的性，孩子会像无头苍蝇一样乱转，很容易分心。

3. 为孩子提供合适的环境场所。场所的基本要求是安静、无人打扰，不要出现其他意外情况吸引孩子的注意力。比如孩子喜欢涂鸦，给他纸笔让他在地板上去画，家长应尽量避免去干扰他、影响他。如果此时你进去问他渴不渴，想不想喝水，就会打断他的思路和兴趣，造成孩子的分心。

4. 游戏时间不宜过长。孩子的耐心是有限的，如果时间太长他会容易烦躁而转移注意力。

5. 限制玩具。活动玩具不要提供太多，避免他既想玩这，又想玩那。

6. 注意变换内容。应该定时变换内容，以保持他的兴趣，但不应当变换内容频率太快。

7. 为孩子选择一些难易程度相当的游戏或事情。太容易的事他很快就做完，不利于专心的培养；太难的事他做不出来反而会失去耐心，同样不利于专心的培养。

培养孩子专心致志的注意力，并不是一件容易的事，需要父母们耐心地指导。

游戏 29　骑脚踏车

游戏时间：5 分钟

游戏难度：★★

参与人员：爸爸、妈妈和孩子

游戏场合：地板或床上

适合年龄：6～7 岁

主要目标：当孩子在抬腿做骑车动作时，训练孩子腰部和腿部的力量。培养孩子崇尚运动的生活情趣

辅助目标：培养孩子的协调能力

游戏方法

这个游戏需要孩子和家长配合，让孩子在做骑车动作时，双腿前后蹬动。家长和孩子在床的两头分别躺下，然后抬起腿，脚心贴着对方的脚心，在空中像骑自行车一样前后蹬动，一边蹬一边念儿歌：“丁零零，丁零零，骑着车儿上北京；北京有个天安门，天安门上挂红灯。红灯亮，照四方，大家心里暖洋洋。”

专家解读

培养孩子的自制力，家长可从以下几个方面入手：

1. 训练孩子有意转移注意力。延缓满足是测定孩子自我控制水平的一种手段，缺乏自控的孩子常常不能等待一段时间以得到自己更想得到的东西。为此，家长可采用延缓满足的方式，训练孩子的自控力。如把一盘诱人的草莓放在孩子面前，孩子马上想伸手去拿，这时可对他说：“先把它们画在纸上再吃，好不好?”多创设一些此类情景，训练孩子有意转移注意力，使他感觉到能够控制自己的行为，逐步学会自我控制的能力。

2. 在日常生活中培养孩子的自控能力。可从日常生活中的点滴小事入手。如孩子在玩玩具时，看到家长端出一盘香喷喷的蛋糕，他丢下玩具想马上就吃。这时，家长可制止他，要求他先把玩具收拾好，把手洗干净，才可以吃蛋糕。在生活习惯养成方面，要求孩子不挑食、准时睡觉、准时起床等，做到长期一贯要求，不要无原则地迁就，培养孩子的自控能力。

3. 在游戏中培养孩子的自控能力。如果孩子回家后，喜欢做模仿游戏，这时家长可让他扮演老师的角色，像老师一样有耐心有礼貌。在交通安全教育的游戏中，让他扮演交警，要求他像交警一样笔挺站立 15 分钟，指挥交通。喜爱游戏是孩子的天性，在游戏中培养孩子的自控能力，往往能取到极佳的教育效果。

4. 给孩子树立良好的榜样。给孩子树立一个善于等待的榜样也能有效改善孩子的自我控制水平。善于模仿、易受感染是儿童的重要特点，让孩子学习不为小奖励所动而选择延缓后得到更大奖励，慢慢地便会养成善于等待、善于控制冲动的习惯。家长应该给孩子树立良好的榜样，父母情绪不稳定时，孩子也往往难以抑制自己的冲动。

5. 帮助孩子学会正确控制自己的行为。在培养孩子的自控能力时，家长要坚持说理和奖励相结合，让孩子学会用道理来控制自己的行为。同时，尽量不要对孩子的努力给予昂贵的物质奖励，应帮助孩子建立一种内在的奖励制度，让他对自己做好的事情感到满意。

真正的自控来自于孩子的理解。也许刚开始讲道理时，孩子并不能真正明白，但随着经验的积累，意识逐渐内化为一种原动力时，孩子自然也就明白了其中的道理。

游戏 30 魔力球——提水壶

游戏时间：10 分钟

游戏难度：★★★★

参与人员：爸爸、妈妈和孩子

游戏场合：家中空地

适合年龄：7～10 岁

主要目标：培养孩子自控能力。让孩子和爸爸妈妈一起用多个小球提起水壶，有利于锻炼孩子手眼配合能力，在控制手的力度的同时锻炼了身体动作的协调能力

辅助目标：培养孩子的耐心与观察力。整个游戏需要孩子不急不躁，运用观察力来判断自己如何与爸爸妈妈一起协调动作来完成提水壶过程

游戏方法

1. 准备 3 个系有长绳的小球。

2. 孩子和爸爸妈妈每人拉一个不同长度拉绳的小球。

3. 将 3 个魔力球分别放到一个水壶(或小口径水瓶)中。

4. 孩子和爸爸妈妈一起提拉绳子使球卡住瓶口提起水壶。

5. 搬运水壶到指定地点。

6. 游戏反复进行,直到把所有水壶全部搬到位。

专家解读

游戏就是孩子主要的学习活动,因此,可根据孩子的特点,选择适合的游戏,并在游戏中结合自制力、坚持性、自觉性来培养孩子的自我控制能力。

自我控制能力的培养对于个体形成良好的性格极为重要。自我控制能力并非生来就有,它是孩子在后天的环境中,随着认知发展和教育的影响而不断形成和发展起来的。培养孩子这种素质能使他们在没有外界限制的情况下,克服困难、排除干扰,采取某种方式控制自己的行为。

此类游戏属于操作性游戏。在操作游戏中,对材料的操作是激发儿童游戏兴趣的源泉。由于儿童会专注于手部动作和材料本身,所以在规则简单的情况下,儿童的自控坚持性表现得比较突出,但对外界干扰的自觉抵制力和自制力较差,孩子操作动作容易失误,而且他人的行为也会影响游戏的进行。在操作游戏中,儿童执行规则的自觉性常常随动作的反复而被忽略。

等待是操作游戏中对孩子自控能力的又一培养契机。受游戏人数和游戏设施的限制,某些游戏进行时会使得一部分孩子处于等待状态。专家认为:等待是社会生活中人际交往的伴随因素之一,是一个人社会公德意识的体现,不能单纯为追求孩子发展而刻意在游戏中加以回避,应该让等待变成游戏的一个部分。因此,我们巧妙地把组织游戏进行和观察孩子等待状态结合起来,同一游戏中对不同孩子提出不同的自控要求,丰富了游戏内容,更促进了孩子自控能力的发展。

游戏 31 全家一起来"闯关"

游戏时间：5～10 分钟

游戏难度：★★★

参与人员：父母、孩子和其他家庭

游戏场合：宽敞的地方，例如草坪、操场等

适合年龄：7～10 岁

主要目标：锻炼孩子的身体协调能力

辅助目标：培养孩子的自信，感受获得成功的喜悦，能在失败中不断磨炼，从而获得成功，增强自信心

游戏方法

跳绳是 7～10 岁这一年龄段孩子主要体育锻炼项目之一，通过这个游戏可以锻炼孩子的身体素质，并且可以考验父母与孩子的合作能力，而"两人三足"环节则是考验孩子的身体协调能力。

1. 爸爸妈妈和孩子一起玩"两人三足"的游戏，孩子的一个脚和爸爸或妈妈的一个脚绑在一起，一起向前行至规定位置。

2. 爸爸妈妈和孩子分开，孩子跳栏（栏杆是由两根柱子和一根绳子组成，高度可以按不同孩子的身高来定）。孩子要跳过栏杆，若触到栏杆就算犯规，要扣 5 秒的时间。在孩子跳栏杆的同时，爸爸或妈妈要从一个清水罐里把其中的弹珠夹出来，夹出 5 个即可。

3. 不管谁先完成，都要站在终点等另一方，这个时候先到的一方可以先拿起绳子，等待另一方。等另一方到达，两个人合作完成双人跳绳 10 个，跳完计时。结束时，看哪个家庭用时最短。

温馨提示

场地中让小朋友跳栏杆的地方，最好有垫子在下面，当心摔倒，注意安全。

专家解读

孩子的协调能力是指全身各个部位能够相互配合完成特定动作的能力。假如孩子身体各个部位协调性不好，就很难做好一件事，他的活动能力就会很差。影响协调能力发展的因素有：

1. 遗传因素。协调能力与神经系统的功能水平关系极大，而神经系统的功能是不易受后天因素影响的，主要取决于遗传因素，这就是孩子们协调能力个体差异很大的重要原因。

2. 其他运动素质的发展水平。动作速度、弹跳力、柔韧性等运动素质与协调能力关系密切，这些运动素质的发展水平直接影响完成动作时把握动作技术的空间、时间、节奏等特征以及各部肌肉用力的协调配合。而这些都反映了协调能力的发展水平。因此，从某种意义上说，协调能力的发展要依赖于其他运动素质的发展与提高。

3. 运动技能的储存数量。运动技能是条件反射的建立，运动技能储存的数量越多，越能顺利地建立新的条件反射、掌握新的技术动作，从而表现出良好的协调能力。

4. 个性心理特征。孩子们的协调能力与注意力集中、思维敏捷、信心坚定、意志顽强等心理品质有直接关系，这些心理品质影响到协调能力的发展与提高。凡是上述心理品质发展好的孩子，其协调能力便能得到新发展与提高。

游戏 32 纸桥载重

游戏时间：30 分钟

游戏难度：★★★★

游戏人员：父母、孩子和其他家庭

游戏场合：室内

适合年龄：7～11 岁

主要目标：在亲子共同探究、制作、实践等活动中发展学生的自主学习与探究学习能力。发展孩子动手制作的能力，了解力的支撑奥秘、力的原理。在制作的过程中，发现制作方法与细节处理对纸桥承重力的影响

辅助目标：培养学生在科学领域的探究意识与探究一些简单问题的能力，使孩子对我国的桥梁建设有一定的认识

游戏方法

设计、制作一座重量轻、载重大，跨度为 50 厘米的纸桥。

1. 纸桥只能使用常用的 A4 复印纸（不得超过 80 克）和黏接材料制作。

2. 允许使用的黏接材料为市售的胶水（如白胶、百得胶）或胶带（如玻璃胶、双面胶）。不得再用其他任何材料对纸进行加固。

3. 纸桥的跨度至少为 50 厘米，桥的两端必须搁在桥墩上，不能有任何固定的连接。两桥墩之间允许添加一个用同样的复印纸制作的桥墩。纸桥墩与河面不能做任何固定的连接。纸桥的其他任何部分都不能接触“河面”。纸桥和纸桥墩的重量全部计入纸桥的自重。

4. 桥面上必须能让一辆牵引小玩具车通过。

5. 由孩子和家长共两人组成参赛队，事先在家里按规定制作好纸桥。

温馨提示

每队有三次测试纸桥载重的机会，每次测试前可以改变整个小车的重量（添加或减少砝码）。小车能顺利通过整个桥面，而纸桥不损坏，载重量最大的一次为纸桥载重成绩。

专家解读

相信每一位家长都希望自己的孩子能有责任感，能独立思考、自主行事。这就必须从小培养孩子自己解决困难的能力。

首先，父母必须把决定权交还给孩子，信任孩子有能力做自己的主人，无论任何人都必须自己走自己的路。与其一天到晚紧张兮兮地盯着孩子，干涉他做这做那，还不如让他自己去做，父母也轻松。就如上补习班一事，大多数父母都是一把抓，心想："反正是我出钱，你消费，你只管听我的就是，不能有什么意见。"结果，孩子怨声载道，来个杀手锏——"不去就是不去"，反而浪费钱又伤亲情。面对这种情况倒不如坐下来听听孩子的意见，帮助他分析，让他自己去决定要学什么，到哪里学。

其次，要多给孩子机会，相信他有足够的能力来发展自我。在不同的年龄阶段给予不同的责任，并依孩子的性格提供不同的机会，让他从中领悟、学习，进而培养思考能力及决策能力，慢慢地，孩子便能自己做主了。

或许你会觉得凡事让孩子自己动手、做主，好像父母的责任少了。其实是故意给孩子机会，让他把能力表现出来，如果父母不放手就无法知道孩子的能力有多大。人的潜能是无穷的，越开发越多。

很多家庭在互动中发现，爸妈做得越少，孩子会的东西就会越多。如果舍不得让孩子去尝试，那就必须长久地为孩子做，直到做不动。因此，聪明的父母，何不轻轻松松地把责任还给孩子？让孩子知道即使决定错了也没有关系，有错误才有改进，有改进才有机会成功！

有的父母连孩子的学习都要插一手，在孩子思考问题的时候，急着把答案告诉孩子，剥夺了他学习的机会。明智的父母会给孩子提供更多的选择，以尊重为原则，让孩子做他有兴趣做的。有些父母因为小时候自己没达到某种愿望，就寄托在孩子身上，强迫孩子上各式各样的辅导班。偏偏有些孩子会跟父母唱反调，摆出偏不做的姿态，最终不但收不到学习的效果，反而会伤了亲子间的和谐。这些都源自于父母以为孩子对自己的话必须言听计从，或者认为自己给的一定是孩子需要的错误观念。

在合理的范围内，给孩子更宽广的空间，让孩子自己做决定。有些在国内并不怎么出色的孩子，一到国外却表现得令人刮目相看，追究其中的原因可发现，国外的教育是让孩子自主地去学习，父母老师都是在一旁协助辅导，提供各方面的信息。孩子在这样的环境中学到的是怎样去开启知识的宝库，并且知道怎样去探索，而不是一味地追求试题的答案。

游戏 33 泼水节

游戏时间:20 分钟

游戏难度:★★

参与人员:爸爸、妈妈和孩子

游戏场合:草地

适合年龄:6～7 岁

主要目标:培养孩子开朗的性格和乐观的生活态度。没有输赢结果的游戏既能够让孩子体验到游戏的乐趣,又能使孩子形成乐观的生活态度

辅助目标:孩子在闪躲的时候锻炼其反应能力。孩子在躲避泼来的水时快速跑动,锻炼身体的反应能力。在相应的区域内躲、闪、跑,互相泼水,孩子会很快乐,让他们在游戏中尽情地放松自己

游戏方法

收集箱中装有干净的温水,在草地上规定好的区域,家人拿着小脸盆互相泼水,可以在区域内边泼水边躲、闪、跑。

温馨提示

多放几个装有温水的集装箱在不同的方位,便于取水,在规定区域内活动。

专家解读

儿童一般都是天真活泼的,但是有的家长却发现自己的孩子不爱说话,不和别的小朋友来往,参加集体活动也不主动,被别人骂了还会长时间记仇,这是很严重的心理问题还是仅仅因为不同的性格所致?怎样才能让他更合群?这是爸爸妈妈很关心的问题。

根据生理学的研究,儿童性格可归纳为三种:易激动型、易抑制型和拒绝癖型。上面讲到的孩子属于第二种。从其气质类

型上来讲，属于抑郁质。要使抑郁质儿童的个性得到健康发展，可以采取以下方法：

1. 抑郁质的儿童往往性情脆弱、动作迟缓，回答别人问话总是含糊其词，显得拘谨不安。家长对他教育时应注意方式方法，耐心地启发诱导，绝不可经常斥责。

2. 重视培养儿童的主动性，设法让他多参加活动。应当尽量让孩子经常同与他年龄相仿的小朋友一起玩耍和交谈，特别要让他多参加集体活动，培养他的合群性。

3. 家长可在孩子参加集体游戏时，注意鼓励和夸奖他，使他有信心。

4. 要注意发挥孩子的主动性，培养他的胆量。有可能的话，可以让他独自在亲友家里住上一段时间，锻炼他的独立生活能力。

游戏 34 和时间赛跑

游戏时间：5 分钟
游戏难度：★★★
参与人员：父母、孩子和其他家庭
游戏场地：宽敞的空地
适合年龄：7 岁左右
主要目标：引导孩子认识到时间的宝贵，培养孩子的自理能力
辅助目标：认识新的生字，并对名言进行拼接理解

游戏方法

需要准备的游戏材料有：

1. 自制拼板："光阴似箭，岁月如梭"，"一寸光阴一寸金，寸金难买寸光阴"等。

2. 录制 3 分钟时钟的滴答声。

3. 衣服、书包等物品。

本游戏最好是多组家庭一起玩，这样不仅增加了游戏的竞争性，更有利于孩子在同伴游戏过程中，学习和发展良好的社会性。游戏的具体操作如下：

(1)在听到时钟的滴答声后，孩子开始穿衣、整理书包和穿鞋。

(2)孩子跑到爸爸的身边，两个人采用“两人三足”的方式跑到名言拼接场地，利用给定的汉字卡片拼出一句名言。在时钟滴答声5分钟之内完成游戏并能念出名言的家庭获胜。

温馨提示

1. 引导孩子在固定的时间内抢先完成任务。

2. 家长要培养孩子的生活自理能力。

专家解读

儿童在家务劳动方面：能参加淘米、择菜、洗菜等家庭劳动；饭后能帮助整理碗筷并洗净；会整理被褥。个人能力方面：能根据天气变化加减衣服；能自己洗澡、洗头和梳头等；能去近处小商店买冰棍、面包、酱油等；过马路知道走人行横道，知道看左右车辆。

训练儿童生活自理能力的原则是：

1. 先训练进食、衣着，再训练睡眠、卫生，最后是个人生活及安全教育。随着年龄增长，不断增加危险项目的训练，如让孩子自己过马路、坐公共汽车、用刀子、使用煤气等。

2. 做父母的态度应该是，不管孩子在做事时看上去多么使人不放心，或孩子在做事的时候显得多么笨拙、多么可怜，都要沉住气让他自己去做，父母可在一旁指导。

3. 让孩子做他力所能及的事，不超越他们身体及心理发育水平。

4. 孩子有一点成绩，要鼓励、表扬；出点问题，不要指责。

游戏 35 一物多玩

游戏时间:30 分钟
游戏难度:★★
参与人员:爸爸、妈妈和孩子
游戏场地:家中空间较大的地方,或者小区空地、公共绿地等
适合年龄:7~10 岁
主要目标:培养孩子的创新意识。通过一物多玩培养孩子的想象力,提高孩子创新能力。
辅助目标:利用废旧物品设计新的有使用价值的物品,增强孩子的合作能力,增强自信心,增进亲子情感

游戏方法

需要准备的游戏材料有:一些废旧报纸和硬纸板。

1. 父子组出场。用一张报纸挖两个洞,爸爸和孩子各自将自己的一条腿(或头部)伸进洞里走路,如果不小心把报纸弄破了,那就算输了。

2. 母子组出场。就是妈妈和孩子合作,采用同样的方法参赛,与“父子组”的结果比,哪一组走的距离远为胜。

3. 将硬纸板上挖两个洞,在两洞的中间画三条线,家长和孩子面对面分别将头钻进两个洞里(家长可弯腰或蹲下和孩子保持相同的高度,注意保持纸板平衡)。取一个乒乓球放在中间线上,家长和孩子用力吹乒乓球,谁先将乒乓球吹过对方一边的线,谁胜出。

温馨提示

家长还可问问孩子,报纸还有哪些玩法或用报纸还可以制作哪些有用的东西。如:用旧报纸打成纸浆制作各种孩子喜欢的模型。将报纸搓成绳状,用胶水固定,涂上颜料,待干后编织成存放物品的小桶篓等。

专家解读

想要激发孩子的创造力，家长不必在家里放上昂贵的玩具和娱乐设施。一些简单的活动，比如和孩子玩拍手游戏，或者和孩子一起编故事，所有这些都能让孩子进入有创意的世界里。

对儿童最有益的游戏是那些能让孩子任意想象，挑战他们学习能力，激励他们深入思考，让他们从失败中学习的游戏。和孩子一起玩也能锻炼家长自己的创造力。如果家长不知道该和孩子玩些什么，或者不知道该怎么和孩子一起玩，这些方法能帮助家长让孩子每天的活动充满创造力。

大量证据表明，父母对子女早期的创造力发展有很大的影响。研究发现，凡是有可能促进孩子创造力发展的家庭，一般具有以下三个特点：

1. 父母尊重自己的孩子，相信自己的孩子有能力做好自己的事情，并在一般情况下允许孩子不受父母评价的影响，自主地做出判断，这有利于孩子创造力的发展。

2. 父母不摆家长权威，也较少有纪律的约束。因为过分的权威意味着过分的顺从，过于严谨的家庭往往会抑制孩子发散性思维能力的发展。

3. 父母和孩子之间的交往，主要强调的是理性。父母对子女的事不要表示出明显的狂热，甚至可以不大注意；即使注意了，也不必表示强烈的肯定或否定。有研究表明，母亲的这种态度与子女的较高创造力有联系；而父亲对女儿的宠爱则使女孩的创造力明显降低。

游戏 36 跳跳蛙

游戏时间:3～5 分钟
游戏难度:★★★
参与人员:爸爸、妈妈和孩子
游戏场地:家中客厅的空地、小区的花园
适合年龄:7～8 岁
主要目标:让孩子进行跳跃练习,锻炼身体各部肌肉的协调能力
辅助目标:培养孩子互相合作的能力

游戏方法

需要准备的游戏材料有:泡沫垫 4 块、乒乓球 2 个、纸盒 2 个。

1. 父子各拿 1 只乒乓球,母亲做裁判拿 4 块泡沫垫做准备。

2. 父子分别用下巴夹住乒乓球,妈妈站在父子中间的跑道上,分别拿两块泡沫垫为父子做铺路石。父子夹着乒乓球不间断地从一块泡沫垫跳到另一块泡沫垫,妈妈的任务是不停地移动泡沫垫,并保持泡沫垫的距离。

3. 如上往复至目的地,然后把球弹拍到池塘里(纸盒做的池塘)。

温馨提示

1. 乒乓球可以替换成鹅卵石、纸棍等。

2. 泡沫垫可以替换成旧报纸。

专家解读

孩子不会与同伴合作该怎么办呢?

首先,要提高孩子与同伴合作的意识,激发孩子与同伴合作的愿望。家长可利用节假日带孩子参观菜场、小吃店、商店等需

要互相协助工作的地方。让孩子通过观察，发现合作的益处，激发孩子渴望与同伴合作的愿望，能够主动与同伴交往。

其次，要教会孩子与同伴友好合作的方式，学会为别人着想。爸爸妈妈应教育孩子在活动时对同伴有礼貌，用别人喜欢的名字与他们打招呼。要与同伴互相谦让，友好相处，分享玩具、图书等；对大家都喜欢的玩具不争抢，可以让别人玩一会儿，自己玩一会儿，大家轮流玩。这样，可以使孩子遇事想到别人，知道有了同伴，才能玩得更愉快。

再次，要积极鼓励孩子参加游戏活动。游戏是培养孩子合作交往能力最有效的活动，在游戏中孩子可逐步摆脱自我中心。如让孩子跟邻居的同伴玩"娃娃家"的游戏，孩子可以做娃娃的爸爸或妈妈，在游戏中履行爸爸或妈妈的义务，洗衣、做饭、带娃娃。孩子从一个人玩发展到与同伴共同游戏，也就增强了合作能力。

最后，要教会孩子解决合作中遇到的小纠纷。孩子与同伴在活动中意见不统一时，爸爸妈妈应及时引导孩子相互商量解决问题的方法，如猜拳、轮流等，协调关系，确定共同的目标，使活动顺利进行。

总之，常言道："孩子总不能跟爸爸妈妈一辈子"，只有让孩子逐步适应外界环境，学会与同伴交往合作，才能健康快乐地成长。

游戏 37 小小侦察兵

游戏时间：30 分钟

游戏难度：★★

参与人员：爸爸、妈妈和孩子

游戏场地：家中

适合年龄：7～8 岁

主要目标：培养孩子勇敢的好品质。让孩子在黑暗中独立完成寻找任务，有利于克服孩子对黑暗的惧怕，建立勇敢的品质，为将来的独立生活做好准备

辅助目标：培养孩子的观察力。通过寻找被藏物品或人，孩子会更善于发现被常人忽视的细节，增强洞察力

游戏方法

1.这个游戏适合在天黑后进行。

2.游戏前准备手电筒和一些小物品。

3.成人先给孩子讲一个关于侦察兵的故事，让孩子对侦察活动产生兴趣，随后提议玩“侦察兵”游戏。

4.游戏开始，大家先一起商议侦察的小物品（如娃娃、球、衣服、盒子等）以及成功后的奖励方式，并分配好角色（侦察兵、藏宝员）。然后让“侦察兵”拿着手电筒离开这个房间，其余人员把被侦察的物品分别藏在各处。藏好后，就关上这间屋子的灯，招呼“侦察兵”进来。“侦察兵”可以打开手电筒进来，寻找被藏起来的小物品，找到小物品后能得到奖励。

温馨提示

1.初玩时，藏的东西要比较好找，以后逐渐藏得隐蔽一些，还可以由家庭成员躲起来让“侦察兵”寻找，以增加游戏的难度和趣味性。

2.家长和孩子可轮流当侦察兵，增加竞争性，比比谁花的时

间短。

3.若白天玩这个游戏，建议拉上窗帘，使房间暗下来。

4.若孩子特别怕黑，建议先让房里有黯淡的灯光或由家长陪着一起寻找，待孩子有点适应后再熄灭灯光或减少家长陪伴，直至孩子能独自在黑暗中，凭手电的光寻找物品。

专家解读

这个游戏主要是训练孩子的胆量。我们都知道勇气对一个人来说是多么重要，它是人们获得成功的必要条件之一。孩子的胆量与后天的培养息息相关，所以家长们要积极鼓励孩子参加有挑战性的活动。家长要为孩子营造一个良好的、民主的成长空间；还要在生活中树立一个勇敢正直的形象，让孩子们以此为榜样。

第三章 让孩子的注意力更集中

“注意”和人们的认识过程是紧密相连的，它总是与感知、记忆、想象、思维密切伴随。可以说，“注意”是人们心理活动的积极状态，脱离各种认识过程的单纯的注意是不存在的，脱离注意的各种认识过程也是无意义的。所以注意的发展对人的学习、工作具有非常重要的意义。离开了注意，人们的认识活动、学习、工作都不可能很好地进行。

“注意”是人们都熟悉的心理现象。人们的心理活动指向并集中于一定的事物，这就是“注意”。“注意”包括两个重要的方面，一个是指向，一个是集中。所谓“指向”，是说心理活动在每一瞬间内有选择地反映一定的事物。所谓“集中”，是指被指向的事物在人脑中能得到最清晰、最完整的反映。当孩子专心听故事、看木偶戏、看小人书时，对故事、木偶戏、小人书的内容感知得非常清楚，而对周围人们的说话、活动听而不闻、视而不见，这就是“注意”的表现。

儿童的注意力在其心理的发展中也是具有重要意义的。因为，儿童智力的发展与他们的注意力的水平有很大的关系。注意力集中、稳定的孩子，智力发展较好。同时，儿童注意力的发展不仅影响儿童智力的发展，而且也影响儿童对新知识的接受效果。通过对超常儿童的研究发现：超常儿童的注意力都非常集中，而且能够在较长时间内保持这种集中，他们都能坚持数小时地看书、画画、做作业等活动，不分散注意，正是由于有这种注意力，才使他们学习效率高，掌握知识迅速、牢固。这就说明，儿童注意力的培养是件十分重要的事，它关系到儿童智力的发展，影响到儿童学习的效果，因此必须从小培养孩子的注意力。

游戏38 拍拍手

游戏时间：10分钟

游戏难度：★★

参与人员：爸爸、妈妈和孩子

游戏场地：客厅

适合年龄：7～12岁

主要目标：训练孩子高度集中注意力和模仿能力

辅助目标：训练孩子的节奏感和身体的协调能力

游戏方法

1. 父母和孩子一起共同游戏，一人当裁判；
2. 三人依次排成队列的形式原地踏步；
3. 裁判边踏步边喊数字，如："1、2、3、4"；
4. 其他二人用相应的掌声次数回答；
5. 裁判不断变化口令，进行游戏；
6. 哪一位失误最少，哪一位就为获胜方。

温馨提示

看似简单的游戏，由于改变了常态的方式方法，所以游戏的时候还是会出现顺势的模仿举动。因此，改变常规的思维定式是很重要的，也是本游戏的关键所在。游戏时，不断变换节奏和速度是训练的好方法。

专家解读

什么是孩子的注意力？所谓注意力，对孩子来说，是指他们能把视觉、听觉、触觉等感官集中在某一事物上，达到认识该事物的目的。注意力是一切学习的开始，是孩子适应环境最基本的能力。

孩子年龄越小，注意力集中时间越短。2 岁幼儿的平均注意力集中时间约为 7 分钟，3 岁约为 9 分钟，4 岁约为 12 分钟，5 岁约为 14 分钟。培养注意力，从 2 岁开始。2 岁以后是培养孩子学习能力的关键期。培养孩子的自主学习能力，就是要培养他们的注意力、探索力和沟通力。注意力是自主学习的基础。

孩子之间的注意持续时间本是差别不大的，但因为后天教养的问题，有的家长注重注意力的培养，有的忽略甚至妨碍了注意力的培养，造成孩子在成长过程中注意力的差距越来越大。而注意力正是影响智力活动的重要非智力因素之一。如何培养孩子的注意力必须引起家长的重视，我们首先要避免的是在教育问题上的一些误区：

1. 不能给孩子过多过复杂的信息，因为孩子的大脑无法将信息一一存储。这样不仅不能有效地培养注意力，反而会分散了注意力。例如：一次提供过多的玩具，把孩子埋在玩具堆中；或者长期提供不符合孩子认知特点的纷乱繁杂的书籍。

2. 成人过多的语言刺激有时会影响孩子初步的思维能力，造成其注意力的分散。例如：孩子在初次接触新玩具、新物品时，家长应避免喋喋不休地讲解玩法或用语言多次提醒注意安全等，而应该让孩子自己去摸索。

3. 家长过分关注孩子，孩子玩游戏经常被打断。如孩子在看动画片，家长没有提醒就走上前关掉电视；孩子在玩汽车，家长一会儿问渴不渴，一会儿问要不要吃点水果等。这样经常性地打断孩子的思维，久而久之会造成孩子注意力的不集中。

4. 成人要求孩子所做的事过难会使孩子产生畏难情绪，过易则不能吸引孩子，这都不利于集中孩子的注意力。只有当新内容与孩子的知识经验之间存在着中等程度的差异时，才最容易引起和维持孩子的注意。

“拍拍手游戏”不仅可以训练孩子的模仿能力，训练孩子注意力的专注度，还可以训练孩子的身体协调能力，培养孩子的节奏感。

游戏 39 开火车

游戏时间：8 分钟
游戏难度：★★
参与人员：爸爸、妈妈和孩子
游戏场地：客厅
适合年龄：7～12 岁
主要目标：培养孩子注意力高度集中的能力，有助于孩子口、耳、心并用能力的培养
辅助目标：锻炼孩子思维的快速反应能力，拓展孩子的智能，调动孩子的积极性

游戏方法

1. 父母和孩子一起共同游戏，三人围坐一圈；
2. 每人确定自己的站名，通过几句对话语言来开动“火车”；
3. 用“石头、剪刀、布”决定游戏开头的人；
4. 游戏开始，开头的人喊“火车要开了”，大家齐拍手，其他二人问：“往哪开？”开头人马上回答开的站名；
5. 点到站名的人必须马上接着开，方法同上；
6. 火车开到谁那儿，谁就得马上接上；
7. 火车越开越快，不能停顿。

温馨提示

由于每人代表的是一个站名，游戏时速度也越来越快，很容

易造成紧张而去抢答。因此注意力是否集中是游戏取得胜利与否的关键，建议父母要及时调整游戏的速度，来训练孩子的注意力。

如果有祖父辈或其他人一起游戏，那就更好了，可以增加游戏的难度和趣味性。如：爸爸当作北京站，妈妈当作上海站，孩子当作广州站。爸爸拍手喊："北京的火车就要开。"大家一齐拍手喊："往哪开？"爸爸拍手喊："广州开。"于是，当广州站的儿子要马上接口："广州的火车就要开。"大家又齐拍手喊："往哪开？"儿子拍手喊："上海开。"这样火车开到谁那儿，谁就得马上接上口。

专家解读

注意力的持续时间及专注水平，与孩子的气质、当时的身心状态以及外界的环境等很多因素相关。在一般情况下，孩子的年龄越大，能够坚持在一件事情上的时间就会越长，反之，年龄越小，越难以保持注意力集中。

这种现象，心理学家是这样解释的：年幼儿童不能长时间保持注意，是因为他们的注意容易受到干扰，而且，他们很难抑制与任务无关的思维活动。3 岁以前幼儿的注意是被动的，只有新奇的、令他们感兴趣的东西或事情才能吸引孩子，而且控制注意的能力较弱。

孩子的注意力跟大脑发育有关，一个人的大脑要到 20 多岁才会完全发育成熟。如果做一件事情超过 20 分钟，孩子想做点别的事，这是非常正常的现象。而且，越是年幼的儿童，越不能长时间保持注意。所以，当孩子不能安静地坐下来听故事，不能坚持学习和写字的时候，请不要轻易给孩子贴上"注意力不集中"的标签。

孩子的注意力不能集中，还可能是源于一些外在的因素，比如：学习或游戏的内容不适合孩子，或者室内活动太多，孩子（尤其是男孩）的精力不能得以发泄，就会显得躁动不安。此外，还可能是源于疾病或者情绪上的问题，饿了、困了、病了、心情不好或者压力过大等，都会造成孩子注意力无法集中，显得心不在焉。

但是，有一种情况不属于我们讨论的范围：如果孩子已经超过 3 岁，在做任何事（包括他最感兴趣的事情）的时候都不能超过 5 分钟的话，家长要考虑孩子是不是属于多动症或注意力缺失方面的问题，需要向专业机构进行咨询和寻求帮助。

“开火车游戏”不仅可以训练孩子口、耳、心并用的能力，考验孩子注意力的高度集中程度，还可以锻炼孩子的思维快速反应能力，拓展孩子的智能，调动孩子的积极性。

游戏 40　扔橄榄核——投掷

游戏时间：根据游戏时的兴趣自定

游戏难度：★★

参与人员：爸爸妈妈、爷爷奶奶和孩子

游戏场地：家里的空地

适合年龄：7～9 岁

主要目标：培养孩子的目标投准力。让孩子面对直径不一样的圆形，具有一定的瞄准性，培养他们手眼协调性和初步调节方位的能力

辅助目标：培养孩子的注意力

游戏方法

全家一起收集直径大小不一样的圆柱形桶，如饼干桶、咖啡罐、茶叶桶等，按照一定的顺序，从大到小，或者从小到大排列；自制报纸球、海绵球等，或者运用家里已有的颗粒稍大一些的物体。手持物体到一定的高度（胸前、鼻子前、眼睛前等），进行瞄准投掷，记录成绩，决定输赢。

温馨提示

投掷物应选择颗粒大一些的，以免误入孩子的鼻口，避免安全隐患。

专家解读

利用生活中常见的物体可以激发孩子的游戏兴趣，培养他们手眼协调能力，全家人一起参与，可以激发孩子的求胜心理。

如何进行观察中的专注力训练？最需要注意的是保证训练的趣味性和活动性，能够引人入胜，一般要以轻松的游戏方式来进行。如果视觉注意力不好，孩子将出现不能从复杂的画面中找出目标物，做作业丢三落四，阅读时漏字、跳字等问题。

培养孩子视觉的敏捷性和专注性。运用眼睛来完成任务，必须是在注意力高度集中的基础上才能完成，而“扔橄榄核——投掷”游戏能通过不同的视觉任务有效地进行专注力的训练。

游戏 41 考眼力

游戏难度：★★
参与人员：爸爸、妈妈和孩子
游戏场地：餐桌或茶几上
适合年龄：7～12 岁
游戏材料：扑克牌一副
主要目标：训练孩子高度集中注意力的能力以及判断和分析能力
辅助目标：训练孩子快速反应能力

游戏方法

1. 父母和孩子一起共同游戏，一人做裁判；

2. 取 3 张不同的牌（去掉花牌），随意排列于桌上；

3. 两人选取自己要记住的牌，并且记住它；

4. 裁判把 3 张牌（其中包括前面两人选好的牌）背面朝上放在桌上，并随意更换 3 张牌的位置；

5. 之前选牌的两人注意观察牌的位置，然后报出自己的牌在哪儿；

6. 谁报对了，谁就胜利。

温馨提示

在裁判变换牌的位置时，是否盯住自己的牌是很关键的。因此，游戏时裁判可以加快速度，以搅乱孩子的视线，引起孩子的注意。

随着能力的提高，可以增加难度，如增加牌的数量，或提高变换牌位置的次数和速度。

专家解读

“注意”是心理过程的开始和基础，孩子早期注意力的发展与将来智力发展密切相关。注意力发展好的小孩，各种感官随时都处于主动、积极和敏感的状态，注意维持时间较长，并相对不容易受干扰。孩子的注意行为常常在自然状态下发生，当注意行为发生时少打扰他。平时，可通过观看或参与做游戏、手工制作和听讲故事等来培养小孩的注意力和观察能力。

“考眼力游戏”不仅可以训练孩子的分析与判断能力，考验孩子的注意力是否高度集中，还可以训练孩子的快速反应能力。

游戏 42 抗干扰运球

游戏时间:10 分钟
游戏难度:★★
参与人员:爸爸、妈妈和孩子
游戏场地:餐桌旁
适合年龄:7～12 岁
主要目标:训练孩子专心致志不受干扰的能力
辅助目标:训练孩子身体各部分的协调能力

游戏方法

1. 父母和孩子一起共同游戏;
2. 孩子手持乒乓球拍和乒乓球,站在桌子旁;
3. 将乒乓球放在球拍上运球,同时绕餐桌行走,保持乒乓球不掉下来;
4. 爸爸妈妈在孩子旁边提简单问题让孩子回答;
5. 如果乒乓球不慎掉下来,必须重新来过;
6. 父母也可以轮换做,以示榜样作用。

温馨提示

本来一个人要保持注意力高度集中就不容易,如果旁边再有人进行干扰,就更难以集中注意力。比如做作业时,旁边正上演吸引人的电视节目,注意力就容易分散,然而正因为有干扰有难度,才能在人为设置的更困难更复杂的情境中,训练注意力的高度集中。

干扰可以是拍手、跺脚,大喊、大叫,还可以是言语干扰等。类似的游戏还有抗干扰记数字、抗干扰朗诵等,这对提高注意力非常有效。

专家解读

“抗干扰运球”游戏不仅可以训练孩子在外界各种事物的干扰下，如何克制自己不受影响，考验孩子的注意力集中程度，还可以训练孩子身体各部分的协调能力。

游戏 43 钓鱼

游戏时间：10 分钟
游戏难度：★★
参与人员：爸爸、妈妈和孩子
游戏场地：餐桌或茶几上
适合年龄：7～12 岁
游戏材料：电动钓鱼玩具 1 副
主要目标：训练孩子集中注意力的能力，有助于孩子耐心的培养
辅助目标：训练孩子手的平衡能力，有助于孩子眼的发育

游戏方法

1. 父母和孩子一起共同游戏；
2. 桌上放一副电动钓鱼玩具，每人取一根钓鱼竿；
3. 要求左手叉腰，右手握钓鱼竿；
4. 按下玩具开关键，玩具转动起来，随即钓鱼开始；
5. 左手只能去拿钓到的鱼，不能做其他事情；
6. 谁钓的鱼最多，即为胜利。

温馨提示

一说到钓鱼，人们马上就会联想到耐心。的确，钓鱼不仅需要有耐心，还需要专心。电动玩具钓鱼更需要有耐心和专注度。因为，电动鱼盘会不停地转动，马上到手的鱼有可能瞬间“跑掉”，所以没有耐心是不行的。

专家解读

家长们都知道“耐心”的培养对孩子成长的重要，但是很多家长并不知道怎样培养孩子的耐心。以下为家长们归纳了可供参考的几项建议。

建议一：家长要做好榜样。

许多孩子没有耐心，是因为家长自己做事也是虎头蛇尾。所以，要想让孩子有耐心，父母首先要有耐心地去做每一件事情。比如，晚上父母可以跟孩子一起学习。当孩子不断地起身、坐下时，做父母的要坚持看书，孩子见父母能够耐心地看书，从中也能受到一些影响。

父母在要求孩子做一件事情之前，先要跟孩子约定必须耐心地做完；如果没有完成不仅需要补上没做完的，还得再增加时间来处理相关的事情。这样，孩子就能够有计划地去做事，也能够在一定的时间内耐心地把事情做完。

建议二：让孩子明白耐心的重要性。

父母一定要让孩子明白，耐心与执着是成功的秘诀。著名生物学家童第周的父亲为了让童第周从小就明白“耐心”的重要性，让他能够执着地学习和做事，特意给他题了“滴水穿石”的条幅，告诫童第周世界上没有穿不透的顽石，只有没有耐心的人。

家长要以身作则，教育孩子一定要有耐心。孩子做错了事，要给他讲道理，耐心地告诉他错在哪里，不要不分青红皂白地打骂他；当拒绝他的不合理要求时，也要讲道理，让他明白自己的要求是不合理的。

建议三：让孩子学会等待。

孩子毕竟是孩子，他们似乎没有多大的耐心，只要想到一件事情，他们总是希望立刻去做，否则便会不停地纠缠。遇到孩子没有耐心的时候，父母一定要坚持，不能让步。如果父母每次都是只要孩子一要求就做出让步，孩子得到的经验就是“妈妈总是听我的，我想怎样就可怎样”，那么，孩子就会做事越来越随意，越来越没有耐心。当然，父母也不可以用生硬的态度来对待孩子，如“不行，你给我等着”等，这样孩子会产生逆反心理。培养孩子学会等待是很重要的。

建议四：从身边的小事来培养耐心。

在日常生活中，任何小事情都可以用来培养孩子的耐心，例如洗碗、擦桌子、收拾房间等。刚开始，孩子会漫不经心地边做边玩，这时家长可以站在一边督促孩子，让孩子用心地去做，直到他把碗洗干净、饭桌擦干净、房间收拾整洁。要让孩子明白，任何事情都要耐心地去完成。

在经历过小事的锻炼后，家长应该有意识地给孩子设置点障碍，为孩子提供一些克服困难的机会。因为耐心是靠坚强意志磨炼出来的，越是在困难的环境中，越能锻炼孩子的耐心。遇到困难时，父母要鼓励孩子不要半途而废，做事要有始有终。当孩子经过努力完成一件事时，父母应当及时给予表扬，这样可以强化孩子耐心做事的好习惯。

建议五：三分钟耐性训练。

如果孩子对学习没有耐性，总是沉迷于玩耍当中，父母可以试试下面的方法。

安吉娜·米德尔顿在《美国家庭的卡尔·威特教育》一书中介绍了一种“三分钟”耐性训练法，这种方法被证明是训练孩子耐性的好方法。

皮奈特是一个缺乏耐性的孩子，他只爱看电视和玩游戏，对书本不感兴趣。一天，父亲拿着个沙漏，告诉他说，这是古时候的钟表，里面的沙子全部漏下去时，正好是三分钟。皮奈特想玩玩这个沙漏，这时父亲说，以沙漏为计时器，你和爸爸一起看故事书，每次以三分钟为限。皮奈特很高兴地答应了。

第一次，皮奈特果然静静地坐下来听爸爸讲故事。但事实上他根本没有留意看书，而是一直看着那个沙漏，三分钟一到，便跑去玩了。但是皮奈特的父亲没有气馁，他决定多试几次。这样数次之后，皮奈特的视线渐渐由沙漏转移到故事书上了。虽说约定三分钟，但三分钟过后，因为故事情节吸引人，皮奈特听得特别入神，他要求延长时间，但父亲坚持“三分钟”约定，不肯继续讲下去。皮奈特为了早点知道故事情节，就自己主动阅读了。

在这里，皮奈特的父亲用了一种循序渐进的训练，对孩子进行了潜移默化的教育。这实际上是通过孩子感兴趣的东西，使孩子的注意力在一定时间内专注于某一对象，久而久之，孩子形成了习惯，也就提高了耐性。

三分钟的时间正好适合孩子注意力的特点，三分钟后立即打住，这样不仅使孩子觉得父亲守信，而且还利用了孩子的好奇心，引发了他主动学习的动力。当然，培养孩子的耐性，父母自己也要有耐心和恒心，不要试了一两次后觉得没效果就放弃了。

游戏 44　摸耳朵

游戏时间：10 分钟
游戏难度：★★
参与人员：爸爸、妈妈和孩子
游戏场地：客厅沙发上
适合年龄：7～12 岁
主要目标：训练孩子注意力集中能力和快速反应能力
辅助目标：训练孩子动手、动脑的能力

游戏方法

1. 父母和孩子一起共同游戏，其中 1 人负责当裁判；
2. 其他 2 人坐在沙发上，右手摸鼻子，左手经右臂外侧摸右耳；
3. 裁判看准备就绪，吹哨，游戏开始；
4. 听到哨声后，2 人立即改用左手摸鼻子，右手经左臂外侧摸左耳；
5. 裁判再吹哨，2 人动作再换回去，裁判不断加快吹哨的节奏；
6. 在规定的时间内，动作无误者获胜。

温馨提示

看似简单的游戏，但是游戏时往往会出现摸着鼻子的手不动，只是用摸耳朵的手来回摸两边的耳朵。所以，左右手同时不停地交换触摸的位置，这是游戏的关键，也是难点，类似的游戏也能训练这方面的能力。

专家解读

"摸耳朵"游戏不仅可以训练孩子的快速反应能力和集中注意力能力，还可以让孩子开动脑筋。

游戏 45 夹“老鼠”

游戏时间：10 分钟
游戏难度：★★
参与人员：爸爸、妈妈和孩子
游戏场地：客厅
适合年龄：7～12 岁
主要目标：训练孩子集中注意力的能力
辅助目标：训练孩子快速反应的能力

游戏方法

1. 父母和孩子轮流游戏，先选择一人当裁判，其余二人游戏；

2. 两人前后站立，前面的人双手叉腰当“夹子”，后面的人双臂伸进前面人臂与腰间的空隙，要求双手指间相触，视为老鼠偷食成功；

3. 裁判发令开始，前面的人马上要夹臂，后面的人准备趁机“偷食”；

4. 后面的人被夹住即为失误，接着换为发令者；

5. 这样依次轮流游戏；

6. 最后看谁“偷食”最多，谁就为获胜者。

温馨提示

虽然生活中老鼠是令人讨厌的小动物，但是，老鼠的灵敏性是公认的。“夹‘老鼠’”游戏就是想通过趣味的游戏，来训练孩子的快速反应能力和专注的注意力。

专家解读

“夹‘老鼠’”游戏很有趣味性，这个游戏不仅可以训练孩子高度集中注意力，还可以训练孩子的快速反应能力。

游戏 46 拍手背

游戏时间：10 分钟
游戏难度：★★
参与人员：爸爸、妈妈和孩子
游戏场地：客厅
适合年龄：7 岁以上
主要目标：训练孩子灵敏反应的能力和集中注意力的能力
辅助目标：训练孩子手脑并用的能力

游戏方法

1.父母和孩子轮流游戏，先选择一人做裁判；

2.游戏的两人相对而站；

3.两人伸出双手，右手掌朝上、左手掌朝下地合掌；

4.裁判发令游戏开始；

5.双方迅速收回左手，同时右手迅速翻掌去击对方的左手背；

6.被击中次数少者为胜。

温馨提示

游戏需要左右手同时有不同的“收”和“拍”动作，所以，游戏的时候容易出现只“拍”不“收”或者只“收”不“拍”的情况。因此，孩子的手脑并用能力的高低是本游戏取得成功与否的关键所在。

专家解读

“听”与“动”协调训练。“听觉”与“动作”反应能力，是指听到指令做出反应动作的能力。听觉与动作协调一致主要指听觉与身体动作的协调性，实际是一个人的听觉与动作的感觉综合能力。“摸耳朵、夹老鼠、拍手背”游戏用于考查和训练孩子对

“听”的理解能力及迅速做出反应的能力。

游戏针对听觉与动作不协调，听完后动作反应迟钝、动作不准确，动作与听到命令不一致的孩子。通过此类游戏，能让孩子对所听到的指令做出迅速、准确的动作反应，达到听—动综合协调，提高身体对听的反应速度及敏感性，提高注意力。例如老师说“起立”，孩子则坐下，老师说“向左转”，孩子则向右转，等等。

游戏 47　抓指头

游戏时间：10 分钟
游戏难度：★★
参与人员：爸爸、妈妈和孩子
游戏场地：客厅
适合年龄：7 岁以上
主要目标：训练孩子灵敏反应的能力和注意力集中的能力。
辅助目标：训练孩子手脑并用的能力。

游戏方法

1. 父母和孩子轮流游戏，先选择一人做裁判；
2. 游戏的两人确定谁为甲、谁为乙，然后相对而站；
3. 双方右手前平举，左手食指伸在对方右手掌心下；
4. 裁判发令游戏开始，并发令：“甲方！”；
5. 甲必须马上去抓乙的手指，与此同时乙可迅速将手指抽回；
6. 一旦抓住或对方做错，即被罚下当发令者；
7. 轮流游戏数回，最后看谁失误最少即为获胜。

温馨提示

游戏需要左右手同时有不同的动作——“抓”和“抽”，但由于惯性思维，游戏的时候容易出现两手同时做同样的动作。因此，改变常规的思维定式是很重要的，也是本游戏的关键所在。游戏时，不断变换速度，是训练的好方法。

专家解读

同“拍手背”的游戏。

“抓手指”游戏不仅可以训练孩子的灵敏反应能力，考验孩子游戏时的注意力集中程度，还可以训练孩子手脑并用的能力。

游戏 48 考听力

游戏时间：10 分钟
游戏难度：★★
参与人员：爸爸、妈妈和孩子
游戏场地：家中空地
适合年龄：7 岁以上
主要目标：训练孩子的判断能力和高度集中注意力的能力
辅助目标：训练孩子快速反应的能力和身体的协调能力

游戏方法

1. 父母和孩子一起共同游戏，其中一个人做裁判，两个人做游戏；
2. 两人分别站着，听裁判讲故事，做相反的动作；
3. 例如当听到“站”字时要坐下，当听到“坐”字时要站起来；
4. 做错动作的要停一次，然后再继续听指令做动作；
5. 最后，谁失误最少谁获胜。

温馨提示

刚开始游戏时头脑还比较清楚，但随着时间的延长，再加上习惯性的思维反应，会出现听到什么指令做什么动作。所以，注意力是否高度集中是游戏成败的关键。因此，游戏时建议父母鼓励孩子要听仔细、听清楚。

故事内容：有一次，小明和妹妹乘公共汽车。上车后，小明发现一个空位，他自己赶紧跑过去坐下。这时，过来一位老奶奶，她扶着拉手，站在小明身边。妹妹对小明说："哥哥，你看你，你坐着，奶奶站着，多不好啊！你赶快站起来，让奶奶坐吧！"小明挨了批评，心里很不高兴，赌气说："你让我站着，我就偏不站，我要坐着！"老奶奶听了笑笑说："没关系，你坐着吧，我不坐。"妹妹站在小明身旁气得撅起了小嘴说："你真不懂礼貌，我再也不愿意站在你旁边了！"这时，汽车到站了，那位老奶奶下了车。望着老奶奶远去的身影，小明的心里很不是滋味，他觉得自己是错了，情不自禁地站起来，悄悄地离开了那个座位，嘴里自言自语地说："哎，怎么搞的，坐和站，站和坐，坐坐站站，站站坐坐，坐站坐站，站坐站坐，坐站站坐，站坐坐站，到底是站还是坐，今天我怎么糊涂了！"

专家解读

听、说能力是儿童语言发展的基础，其中"听"是语言发展最关键的一步。在各种形式的语言中首先是有"声"的语言，这就需要用"听"去接受。通过"听"，儿童获取语言的最初信息和感受丰富的语言刺激，使孩子的听觉系统敏感而发达，为日后顺利说话奠定基础。学习能力差的儿童大多"听"或"说"的能力存在或多或少的问题。其中最为突出的表现就是存在语言理解和语言表达方面的问题。国内外大量研究证明，一个孩子的语言能力发育明显落后的最根本原因往往是"听"能力不足。这是为什么呢？因为一个孩子"听"能力低，必然会严重影响其语言发展，最后导致学习困难。

听觉能力还直接影响孩子的注意力和听课能力。听觉能力低，将来易造成孩子上课注意力不集中、注意力涣散，好做小动作等现象。

"考听力"游戏不仅可以训练孩子的分析能力与快速反应能力，考验孩子的注意力是否高度集中，还可以训练孩子的身体协调能力。

游戏 49 松紧带

游戏时间: 10 分钟
游戏难度: ★★
参与人员: 爸爸、妈妈和孩子
游戏场地: 客厅
适合年龄: 7 岁以上
主要目标: 训练孩子专心听讲的能力和快速反应的能力
辅助目标: 培养孩子雷厉风行的行事作风

游戏方法

1. 父母和孩子一起共同游戏,一人当发令者,其余两人当参赛者;

2. 两名参赛者并排一字站开,间隔一个手臂的距离;

3. 发令者开始发口令,参赛者根据裁判的口令做动作;

4. 发令者说:“松紧带——松!”参赛者马上将手侧平举成体操队形;

5. 发令者说:“松紧带——紧!”参赛者马上将头靠拢;

6. 重复游戏,看谁失误得最少就算获胜。

温馨提示

松紧带“松”和“紧”用手势表示相对来说会容易点,但是现在要求用肢体语言来表示就容易出错了。因此,经常做类似的游戏,就有助于训练人的反应速度和手脑并用的能力。

随着能力的提高可以增加难度,加快发令的速度,以提高游戏和训练的难度。

专家解读

见“考听力”游戏。

游戏 50 "益虫"和"害虫"

游戏时间:10 分钟
游戏难度:★★
参与人员:爸爸、妈妈和孩子
游戏场地:客厅
适合年龄:7 岁以上
主要目标:训练孩子的快速判断能力和集中注意力能力
辅助目标:训练孩子对科普知识的认知能力

游戏方法

1. 父母和孩子一起共同游戏,一人当发令者,其余两人当参赛者;

2. 发令者和参赛者相对而站,参赛者两人一字排开;

3. 发令者说"小蜜蜂(益虫)",参赛者马上抖动双臂回答说"飞呀";

4. 发令者说"苍蝇(害虫)",参赛者马上击掌回答说"打死";

5. 发令者变化两种口令,让参赛者按指令做动作;

6. 失误少的参赛者获胜。

温馨提示

当游戏只涉及小蜜蜂和苍蝇时,还是容易完成的,但是随着速度的加快和无规律的重复,失误就会出现。因此,游戏时建议父母要鼓励孩子专心听讲。

随着能力的提高,可以增加难度,如增加"益虫"和"害虫"的数量,加快发令的速度,以提高孩子反应力和注意力。

专家解读

要让孩子提高"听"的能力,首先应让孩子学会"倾听",强化"倾听"的重要性,要求孩子认真、仔细地倾听他人讲话;其次要进行类似"松紧带"的游戏以及"益虫"和"害虫"之类的听觉能力训练，如听觉记忆、听觉分辨、听觉理解、听觉与动作反应等能力的训练。在训练中要注意以下几点：

1. 增强训练的趣味性。尽量将各方面内容与游戏结合起来，让孩子在游戏中完成训练。

2. 训练的量要适度。训练量太少，往往达不到提高相应能力的效果；训练量过多，又会导致孩子承受不住，容易产生逆反心理，拒绝合作。这样不但达不到训练要求，还会影响现有能力的巩固，出现“欲速则不达”的现象。

3. 训练的难度一定要适中。一定要遵循从易到难的原则，不要让训练起点过高，应从基本能力的训练开始。

游戏 51 快速回答

游戏时间：10 分钟
游戏难度：★★
参与人员：爸爸、妈妈和孩子
游戏场地：客厅
适合年龄：7 岁以上
主要目标：训练孩子注意力集中能力和思维的敏捷性
辅助目标：培养孩子的判断能力

游戏方法

1. 父母和孩子一起共同游戏，并确定记录者和游戏参与者；

2. 游戏开始，一个人提问，一个人回答；

3. 要求全部为判断题，每人提 10 个问题，前 5 题要正确回答，后 5 题要反答；

4. 如直升机是不是飞机？若出现在前 5 题，要答“是”，若出现在后 5 题，要答 “不是”；

5.依次轮流提问、回答,回答错1题扣1分,记录者负责记录;

6.最后谁积分多,谁就为胜利者。

温馨提示

看似简单的判断题,只要回答"是"或"不是",好像一点难度也没有。但是,现在要求前5题要正确回答,后5题要反答。按照习惯思维,每个人会根据自己的认知水平来判断所提出的问题,而忽略游戏本身的要求。因此,游戏时,记录者可以适当提醒回答者是第几题了,应该是正答还是反答;训练熟练以后,可以不再提示,且可以加快提问的速度,提高游戏的难度。

专家解读

语言首先是听。没有听就谈不上说、读、写,没有听就没有语言交流,没有听就没有语音理解,没有听就没有语言记忆,所以听能力是语言最基本的能力。对于那些语言能力发育落后的儿童,首先应该提高他们的"听"的能力。

大量研究证实,听觉能力还直接影响孩子的注意力和听课能力。听觉能力低,易造成孩子上课精力不集中、注意力涣散、爱做小动作等现象。

所以家长在培养孩子专注力的时候,要经常用一些小游戏来对孩子的听觉能力进行训练。在玩的过程中不仅使孩子能体验到游戏的趣味性,也能训练孩子的注意力。

"快速回答"游戏不仅可以训练孩子的思维敏捷能力,还能训练孩子的判断能力和注意力。

"鱼骨家长会"家庭亲子游戏系列

"鱼骨家长会"家庭亲子游戏系列 第一卷
《孩子性格你掌握 —— 训练良好习惯的游戏》
主要培养孩子：自信、注意力、细心、爱心、好习惯
ISBN：978-7-5667-0243-2
定 价：19.00

"鱼骨家长会"家庭亲子游戏系列 第二卷
《从小学会交朋友 —— 训练社交能力的游戏》
主要培养孩子：动手能力、规则意识、团队合作、社交沟通
ISBN：978-7-5667-0228-9
定 价：16.00元

"鱼骨家长会"家庭亲子游戏系列 第三卷
《培养你家的"苹果 · 乔"——训练创造力的游戏》
主要培养孩子：创新意识、创造力、想象力、财商、胆商、逆商
ISBN：978-7-5667-0229-6
定 价：14.00元

购书支持：当当网、卓越亚马逊、京东商城、苏宁易购、新华书店等

游戏 52 说说做做

游戏时间:10 分钟
游戏难度:★★
参与人员:爸爸、妈妈和孩子
游戏场地:客厅
适合年龄:7 岁以上
主要目标:训练孩子快速反应的能力和集中注意力的能力
辅助目标:训练孩子的模仿能力

游戏方法

1. 父母和孩子一起共同游戏。

2. 三个人围成圈,相对而站。

3. 一个人先发口令,其他人根据发的口令做相应动作。

4. 发令者说"篮球",其他人马上双手做成圆形;说"飞机",马上侧平举;说"公鸡",马上抱起左脚踝。

5. 或者发令者做动作,游戏参与者抢答名称。

6. 失误的人改成发口令者。

温馨提示

生活中孩子很熟悉的健身器材、交通工具和小动物等,现在要求用肢体语言来表达,需要的是高度集中的注意力和快速的反应能力,更需要孩子的动手动脑能力和想象力。

专家解读

听觉分辨能力是指正确接受和识别各种听觉刺激的能力,即对不同声音差异的辨别能力。

"说说做做"游戏主要针对那些对相似声音容易混淆,对声音敏感性较弱的孩子。在游戏中通过训练,有意识地纠音、辨音,提高孩子对声音的分辨力、敏感性和反应速度,改正不正确的发音等。

游戏 53 前后左右

游戏时间: 10 分钟
游戏难度: ★★★★
参与人员: 爸爸、妈妈和孩子
游戏场地: 客厅
适合年龄: 7 岁以上
主要目标: 训练孩子的思维能力和注意力集中的能力
辅助目标: 训练孩子快速反应的能力和手脑并用的能力

游戏方法

1. 父母和孩子一起共同游戏,其中一个人做裁判;

2. 裁判面对两人坐下,游戏的两个人面向裁判一字排开;

3. 裁判可以任意连续发令,如:"前"、"左"、"前后"、"后后"等;

4. "前"代表要双手向后扶颈,"后"代表要两手托腮,"左"代表要举右手,"右"代表要举左手;

5. 游戏参与者根据裁判的口令变换动作;

6. 做错的人罚下当裁判。

温馨提示

习惯思维"前、后、左、右"就是个方向性的指引,所以,游戏时也会不自觉地出现转身等动作。现在,要求用肢体语言来代表"前、后、左、右",这就需要克服思维的定式。此类游戏是训练注意力高度集中的最好方法。

随着反应能力的提高,可以加快发令速度,提高训练难度。

专家解读

听觉理解力是指儿童对所接受的声音信息能够加以分辨,并能正确理解信息内容的能力,它是孩子将来在听课学习中必备的重要能力。

“前后左右”游戏主要针对那些常听不懂老师讲课内容，上课发呆、东张西望，做起事来往往与老师规定的要求有出入，常做错事又非故意的孩子，也就是家长常说的“左耳朵进右耳朵出”“不听话”的孩子。

通过游戏的训练，使孩子在听讲过程中能较快理解老师讲话内容的核心意义，提高孩子听觉、分析、综合判断能力及注意力。

游戏 54　打电话

游戏时间：10 分钟
游戏难度：★★★
参与人员：爸爸、妈妈和孩子
游戏场地：客厅
适合年龄：7 岁以上
主要目标：训练孩子的记忆能力和提高注意力集中的能力
辅助目标：训练孩子逻辑思维的能力和快速反应的能力

游戏方法

1. 父母和孩子一起共同游戏，一个人做裁判，其余两人当参赛者；

2. 裁判站在前面，参赛者坐在裁判对面；

3. 裁判做打电话的动作，并说“我要打电话了！”以引起注意；

4. 紧接着裁判就用手依次出示号码；

5. 参赛者看后抢答，报出电话号码；

6. 谁报得又快又准，谁就获胜。

温馨提示

孩子看写的数字相对来说容易记忆，看手势记忆数字则会给记忆带来一些障碍。因此，注意力是否高度集中和记忆方法是游戏的关键。游戏时要鼓励孩子寻找规律，并集中注意力。

游戏刚开始时，可以安排一些孩子熟悉的电话号码，以增加孩子游戏的兴趣，然后，增加那些常用的电话号码、手机号码。随着能力提高，可以增加一些随机的数字组号，由 8 位到 11 位的数字组，还可以加快速度，提高游戏的难度。

专家解读

听觉记忆力是指能按正确的顺序和细节，回忆起过去的一些听觉信息的能力。

“打电话”游戏主要作用是可以训练那些经常忘记老师留的口头作业，记不住长句子，不能完整转达他人的留言口信，口头表达迟缓，听写或复述句子及课文时容易出错的孩子，提高听觉记忆力。

通过“快速回答”“说说做做”“前后左右”“打电话”游戏等组合训练，起到提高孩子听觉的短暂记忆、思维灵敏度和孩子反应速度，减少孩子对较长听觉信息的记忆损失，促进孩子对新旧知识的对比、提高联想能力的作用。这类游戏可以帮助家长训练孩子，使孩子在课堂上听课注意力集中。

游戏 55 看谁记得牢

游戏时间：10 分钟
游戏难度：★★★★
参与人员：爸爸、妈妈和孩子
游戏场地：客厅
适合年龄：7 岁以上
主要目标：训练孩子的记忆力、注意力和快速反应的能力
辅助目标：训练孩子逻辑思维的能力和身体的协调能力

游戏方法

1. 父母和孩子一起共同游戏，其中一个人做裁判；

2. 三个人相对而站；

3. 裁判做几个动作，如：向前走三步，向右转，双足跳一下，稍息等；

4. 然后裁判发令："1——2——3——4!" 其他两人必须马上正确无误地模仿一遍；

5. 反复游戏；

6. 谁正确率最高，谁就胜利。

温馨提示

"向前走、向右转、稍息"等动作是孩子熟悉的内容，也是孩子经常要做的。但是，将这些动作不规则连贯地做，再让孩子去重复做，就会产生一定的难度，因此，注意力高度集中是游戏的关键。游戏时父母要建议孩子不要操之过急，鼓励孩子要仔细认真地听口令。随着孩子反应能力的提高，可以增加动作步骤或提高动作的难度。

专家解读

"看谁记得牢"游戏不仅可以训练孩子短时间内的记忆能力和快速反应的能力，考验孩子的注意力集中程度，还可以训练孩子的思维能力和身体的协调能力。

游戏 56 “难吃”的枇杷

游戏时间：10 分钟
游戏难度：★★★
参与人员：爸爸、妈妈和孩子
游戏场地：餐桌或茶几上
适合年龄：7 岁以上
主要目标：训练孩子不受干扰的能力
辅助目标：训练孩子动手能力

游戏方法

需要准备的游戏材料有：靠背椅子 1 把，枇杷 3 颗，绳子 2 根。

1. 父母和孩子一起游戏，爸爸或妈妈其中一人当裁判；

2. 孩子坐在靠背椅上，左右手的大拇指各系上 1 根绳子，绳子的另一头通过椅子背的上部由爸爸或妈妈拉住；

3.桌上放3颗枇杷；

4.裁判发令游戏开始；

5.爸爸或妈妈不断地拉动绳头，使孩子的手指抖动不已；

6.孩子要尽力克服困难，剥皮、去核，把枇杷吃掉。

专家解读

这个游戏看起来简单，但是孩子的力量毕竟比不过大人，孩子要想在游戏中取胜还是有点难度的。

游戏中，父母制造干扰，孩子要克服这些干扰完成游戏。与此同时，孩子还要开动脑筋，瞄准时机，趁父母不备将枇杷塞进口中。

游戏57 记忆十三

游戏时间：10分钟
游戏难度：★★★★
参与人员：爸爸、妈妈和孩子
游戏场地：餐桌或茶几上
适合年龄：7岁以上
主要目标：训练孩子的记忆力、注意力和快速反应的能力
辅助目标：训练孩子逻辑思维的能力

游戏方法

需要准备的游戏材料有：写有13个数字的卡片若干张（可用扑克牌代替），铅笔20支。

1.父母和孩子一起共同游戏，爸爸当裁判，剩下两人进行游戏；

2.三个人围坐在餐桌旁，孩子和妈妈旁边各放10支铅笔，记分用；

3. 爸爸出示一组数字卡片，20 秒钟后放下；

4. 妈妈和孩子抢答卡片上的数字；

5. 答对 1 题，放 1 支铅笔，答错拿走 1 支铅笔；

6. 最后看谁的铅笔多，谁为获胜。

温馨提示

数字是孩子天天要接触的，电话号码、手机号码有一定的规律，孩子也容易记。但是，现在随意组成的 13 个数字，没有特定的规律可循，而且要在这么短的时间内记住，这就需要孩子注意力高度集中地记忆。游戏时，父母要鼓励孩子专心、细致，想办法寻找记忆的方法。

专家解读

记忆是人们吸收经验、保存经验并且在必要时运用经验的过程。人的大脑之所以成为百科知识的“仓库”，关键在于记忆。然而，人们的记忆力却有很大的差异，有的人拥有惊人的记忆力，而有的人只开发了很小的记忆潜力。

孩子记忆力好，学习起来感到轻松，学习效率就高。记忆是一种积极、能动的活动。人对外界输入的信息主动地进行编码，使其成为人脑可以接受的形式。

现代心理学家认为，只有经过编码的信息才能记住。例如：孩子阅读、做习题、操作实验等都有编码的过程。同时，人们对外界信息的接受是有选择的，只有那些具有意义的事物，人们才会有意识地进行记忆。当记忆依赖于人们已有的知识结构时，新的信息才能在头脑中巩固下来。

例如：孩子要记住一个英文单词，必须将它与过去学过的单词组成词组或句子时才容易记住。信息的提取与编码的程度、信息储存的组织结构有着密切的联系。

通过“记忆十三”游戏，提高了孩子对图形的感知能力和对数字的记忆力。游戏不失趣味性和互动性。

游戏 58 舒尔特方格

游戏时间：10 分钟
游戏难度：★★★★★
参与人员：爸爸、妈妈和孩子
游戏场地：餐桌或茶几上
适合年龄：7 岁以上
主要目标：培养孩子注意力的稳定性
辅助目标：训练孩子手脑并用的能力

游戏方法

需要准备的游戏材料有：自制几套方形的 25 格表格。

1. 父母和孩子一起游戏；
2. 家长事先在自制的方形表格上任意填写数字，如果共有 25 个方格，就从 1 到 25 打乱顺序填入；
3. 孩子从 1 开始，边念边指出相应的数字，直到 25 为止；
4. 爸爸或妈妈在旁记录孩子所用的时间；
5. 一次游戏后，重复另一套表格游戏。

温馨提示

舒尔特方格可用来测量儿童注意力的稳定性，如果用这套图表坚持天天练习一遍，那么孩子注意力水平就能得到较大的提高。

运用这种方法的时候，家长可以自制几套卡片，绘制表格，任意填上数字。数完 25 个数字所用时间越短，注意力水平越高。如果有兴趣继续提高练习的难度，还可以自己制作 36 格、49 格、64 格、81 格的表。

专家解读

舒尔特方格的使用说明：

舒尔特方格不但可以简单测量注意力水平，而且还是最专业、最普及、最简单的注意力训练方法。以 5×5 舒尔特方格为例，如下图。就是在一张方形卡片上画上 1cm×1cm 的 25 个方格，格子内任意填写上阿拉伯数字 1～25 的 25 个数字。训练时，要求被测者用手指按 1～25 的顺序依次指出其位置，同时诵读出声，施测者一旁记录所用时间。数完 25 个数字所用时间越短，注意力水平越高。

3	11	17	5	25
20	4	10	24	9
22	2	19	8	18
7	16	6	15	13
14	12	1	23	21

以 5×5 舒尔特方格的训练为例，7～12 岁年龄组，能达到 26 秒以上为优秀，42 秒属于中等水平，50 秒则问题较大。练习开始，达不到标准是非常正常的，切莫急躁。可以从 9 格表开始练起，感觉熟练或比较轻松达到要求后，再逐渐增加难度，不要急于求成。对于幼儿园和低年级的小孩子可以从 9 格表开始练习，中高年级的孩子可以从 25 格表开始练习。如果有兴趣继续提高练习的难度，逐渐增加到 36 格、49 格、64 格、81 格的舒尔特表。

舒尔特方格的训练要求：

1. 身体坐直，保持眼睛与表格的距离 30～35 厘米，视点自然放在表格的中心，用眼睛的余光来看其他的数字，在所有字符全部清晰入目的前提下，按顺序找全所有数字。注意不要顾此失彼，因找一个字符而对其他字符视而不见；也不要一行或一列地扫视。在用手指点数字的时候，视点不要跟随手指移动。

2. 尽量减少眨眼次数，尽量不要转动眼球。

3. 只要有进步就表扬、鼓励孩子，激发孩子的成就感和兴趣。训练过程中，为了避免同一表格的反复使用而产生的记忆效应，需要使用不同难度、不同排序的舒尔特表，每套 10 张。同一张表不能连续使用三次。每天训练 5～10 分钟或看 10 个不同的舒尔特表。点完所有数字所用时间连续 10 天都无法继续提升时，就可以调高表格了。

如果坚持按上述要求每天练习，孩子注意的范围、稳定性以及视觉的辨别力、敏捷性就会得到提高，眼睛快速认真的反应也会锻炼出来。

孩子经过一段时间舒尔特方格的训练，都能取得较好的效果。

第一，舒尔特方格是注意力的基础训练方式。

注意力的选择性训练——包括注意力的指向性、集中性和抗干扰性的基础训练，可以提高学习的专注力。

注意力的持久性训练——相对延长注意力集中的时间，可以在更长的时间内保持注意力集中，获得更高的学习效率。

注意力的稳定性训练——能够提高对枯燥无味的文字符号的耐受性，从而提高注意力的稳定性。

第二，舒尔特方格也是很好的视知觉能力的训练方式。

视觉宽度和广度训练——能够提高视觉宽度和广度，使阅读速度加快。练习舒尔特方格的时间越长，看表所需的时间会越短。随着练习的深入，视知觉能力得到提高，初学者可以有效地拓展视觉宽度，锻炼眼睛快速认读，加快阅读速度；训练同时也可以拓展视觉的广度，进入提高阶段之后，能够达到一目十行的效果。

手眼协调能力——训练手眼协调能力，提高写字速度，解决做作业时出现的磨蹭现象。

游戏 59　猜猜看，什么声音？

游戏时间：5～8 分钟

游戏难度：★★★

参与人员：爸爸、妈妈和孩子

游戏场地：家中较安静的房间

适合年龄：7～10 岁

主要目标：训练孩子集中注意力分辨不同声音，增强他们对不同声音的敏感性

辅助目标：培养孩子的想象力，提高认知力与反应能力。在注意力集中的前提下，增强孩子听力敏感性，不仅有助于集中孩子注意力、培养孩子的想象力，还能让孩子善于感知被常人忽视的细节，反应较快。同时孩子听觉的敏感性和准确性也会增强，会具有超强的洞察力和认知力

游戏方法

指给孩子看你平时常用的不同物件，然后让孩子闭上双眼转过身去，或者蒙上眼睛，家长利用这些物件发出声音，让孩子根据声音猜猜是什么物件。

一位家长可以躲在椅子后面，然后发出不同的声音，如手机铃声、拍球声、打蛋器的声音、上钟表发条声、打字的声音、乐器的声音、订书机的声音、用剪刀剪布或剪纸的声音、撕报纸的声音，或借助身体发出较难辨别的声音，例如用嘴发声、敲背声、父母走路声（不穿鞋）等。另一位家长注意记录孩子每轮猜对的次数。游戏中，尽量少说话，只回答“对”与“错”。孩子猜几次都不对的，可跳过。

游戏可分 2～3 轮：

第一轮难度较低，时间 2～3 分钟，选用平时常用的、孩子较熟悉的不同物件，让孩子较容易猜出，激发孩子对游戏的兴趣。

第二轮难度稍高，时间 3～4 分钟，选用孩子不熟悉的物件。孩子猜对的次数如果超过第一轮，就算胜利，家长可发小奖品鼓励孩子。如果猜对的次数少于第一轮，可进行第三轮（难度较高，时间 1 分钟），第二、三轮猜对的次数相加，超过第一轮，也算胜利。

如果孩子两轮就胜利，还意犹未尽，也可挑战第三轮（难度较大，时间 1 分钟），记录孩子猜对的次数。

温馨提示

游戏时控制好时间和不同物件发声的速度，先慢后快，声音由响到轻，要有梯度，不断激发孩子的兴趣。同时仔细观察孩子的反应，控制好难度。

专家解读

想象可以理解为接近形象，是将右脑中浮现出的形象，经过加工使之变化的产物。换句话说，想象是先由右脑工作，而后左脑引导右脑所产生的，能直接转换成创造力。如能坚持不懈地训练，使孩子有意识地区别使用左右脑培养想象力，就会使孩子包括右脑在内的整个大脑得到活化，使大脑功能平衡发展。

想象力一般从丰富性、创新性和逻辑性三个方面进行评定。在儿童想象力的发展中，创新性具有重要意义，创新性的最底层是“表象的记忆水平”，最高层次是“创造力表象水平”，而“表象的再造水平”介于两者之间。而调查结果显示，达到最高层次的儿童只占 18.7％，近 42％处于最低层次；而中学生达到最高层次的也不超过 37％。不难发现，我国孩子的想象力水平相当低下。为此专家呼吁，学校和父母都应重视加强孩子的想象力的培养。

通过对不同物件声音的辨别游戏，不知不觉中就促使孩子注意力集中，增强了听觉的敏感性和准确性，培养孩子的想象力，增强认知力与反应能力。对想象力和语言理解能力差的孩子多训练可以提高孩子的语言理解能力和想象力。

游戏 60 小心陷阱

游戏时间：5 分钟
游戏难度：★★
参与人员：爸爸、妈妈和孩子
游戏场地：桌子上、茶几上
适合年龄：7～10 岁
主要目标：培养孩子与爸爸妈妈一起共同动手动脑的合作意识
辅助目标：培养孩子手脑协调能力，训练孩子的定力

游戏方法

需要准备的游戏材料有：空瓶（开口稍大的敞口瓶）1 个，火柴棍若干。

孩子分别与父母组成两组比赛，孩子与爸爸或妈妈一起将火柴巧妙地随意摆放在瓶口，但不能掉入瓶中。在 2 分钟内，哪组瓶口上堆放火柴最多为胜，火柴掉进瓶里一根就倒扣一根。考验孩子与父母合作时，和谁的配合更默契。游戏时，两位家长轮流计时当裁判。

除了上述玩法，也可以一家三口同时摆放，2 分钟一轮，一起计数，看哪轮配合得好，再小结一下游戏心得，也会非常有趣。

温馨提示

家长尽量引导、鼓励孩子积极参加游戏，尽全力配合，让孩子尽情发挥，并总结摆放方法或成败原因。这样，孩子的合作意识会大大增强。

专家解读

家长与孩子一起比赛，考验家人之间的默契程度，在其乐融融的氛围中培养孩子的合作意识。

游戏 61 倒着说

游戏时间：3 分钟
游戏难度：★★★★
参与人员：爸爸、妈妈和孩子
游戏场地：家中地板
适合年龄：8 岁以上
主要目标：培养孩子思维的敏捷性。从语言训练入手，把语言训练和思维训练结合起来，使孩子语言发展和思维发展同步进行，促进孩子智能的发展
辅助目标：提高注意力和反应能力。这个游戏由于要做到口、耳、心并用，因此能让注意力高度集中，同时也锻炼了思维的快速反应能力和敏捷性

游戏方法

1. 选择孩子身边熟悉的、感兴趣的事物，让孩子倒着顺序说。如妈妈说“苹果”，孩子马上说“果苹”；妈妈说“我吃西瓜”，孩子则要说“瓜西吃我”等。

2. 妈妈倒着说，让孩子猜猜妈妈说什么，如妈妈说“手洗”，孩子则告诉妈妈“洗手”等。

3. 让孩子将班里小朋友的名字倒着说，让爸爸妈妈猜一猜是谁。

温馨提示

家长要从易到难逐渐增加难度，如先从说两个字、三个字，

然后到简单的短句。先说得慢一些，待孩子掌握要领后逐渐加快速度以增加难度和趣味性。

专家解读

让大脑动起来，是培养锻炼孩子思维能力的根本途径之一，只有如此，才能使孩子的注意力、观察力、想象力和思维得到综合开发和利用。

“倒着说”游戏不仅是一个爽心益趣的思维娱乐活动，更是一个启迪益智的开发思维能力活动。通过这种思维能力的培养使孩子在现实生活中，从容应对需要解决的各种问题，并由此培养孩子思考时间长且专注，不易被外界干扰的能力。

孩子要想在游戏中正确地说出答案，就必须做到口、耳、心并用，这样既锻炼了孩子的思维能力，又提高了他们注意力集中的能力。

游戏 62 依次排队

游戏时间：10 分钟

游戏难度：★★

参与人员：爸爸、妈妈和孩子

游戏场地：桌子上、茶几上

适合年龄：7 岁以上

主要目标：培养孩子的观察力、眼力、大脑与手眼的协调能力。这个年龄段的孩子对事物的认识都是比较直观、感性的，通过直观的游戏，有利于孩子判断能力的培养

辅助目标：培养孩子独立分析和逻辑思维能力

游戏方法

1. 父母用牙签依照一种规律来排列，例如|—||—|或/—/—等方式；

2. 孩子用牙签在父母排列好的后面接着排；

3. 增加难度，4 根一组或 5 根一组，例如：|/—|/—，又如：/＋×/＋×；

4. 孩子把它们按不同规律照样排下去。

温馨提示

游戏时，家长根据孩子的掌握情况，逐步增加难度，注意激发孩子兴趣的同时，鼓励孩子不断挑战自己，使孩子独立解决问题的能力大大增强。

除了上述玩法，也可以将牙签涂上各种颜色，然后配合数量、方向，并增加符号或图形来排列。例如：一根红、两根黄、红蓝十字形、红黄蓝三角形，一根红、两根黄、红蓝十字形、红黄蓝三角形等让孩子练习。

供参考的符号或图形有：# ≠ ∟ ≡ ⊿ ＜ ＞ ≮ ≯ ⩽ ⩾ ± ⊥ // ∠ ≦ ≧ ∑ ∏ △ * ◇ ☆ □……

专家解读

通过“依次排队”游戏，训练孩子在视觉高度集中的状态下，对信息进行区分，培养孩子的注意力。

游戏针对阅读时常常出现跳字、串字和串行，逐字阅读时不能正确地断字、断句，经常把形近字、同音字搞混，回读频繁而造成阅读速度慢而且读完文章后不知所云的孩子。

“依次排队游戏”不仅可以训练孩子的逻辑思维能力和分析能力，同时还可以训练孩子的观察力、眼力、大脑和手眼的协调能力，更培养了孩子独立解决问题的能力。

游戏63 编童话

游戏时间：20分钟
游戏难度：★★
参与人员：爸爸、妈妈和孩子
游戏场地：随意
适合年龄：7岁以上
主要目标：培养孩子的逻辑思维能力。这个年龄段的孩子对物体都充满着好奇心和想象力，而且对童话故事也比较有兴趣，这个游戏可以培养孩子的逻辑思维能力
辅助目标：培养孩子的语言表达能力和写作能力

游戏方法

1. 父母和孩子一起抽取卡片5张（写有角色）；
2. 准备5分钟；
3. 以卡片上的角色为主人公，构思一则有趣的童话故事；
4. 分别讲故事，讲得精彩的一方为胜。

温馨提示

建议父母在游戏的过程中不要催促孩子，鼓励孩子充分发挥自己的想象力和创造力，有利于孩子提高逻辑思维能力，有利于孩子写作兴趣的培养。还可以增加卡片的数量，以提高游戏的难度和孩子的兴趣。

专家解读

思维是人脑借助于语言、想象和动作来实现的，对客观事物的概括和间接的反映。简单地说就是帮助我们弄清楚问题、解决问题、做出决策或理解事物的训练活动。

从思维的特点上看思维具有概括性和间接性；从它的过程来看，可以分为两个阶段——产生想法和进行判断。产生想法

的阶段，孩子通过观察与分析，头脑中会出现有关问题或难点的各种概念、各种处理办法和可能的答案。在判断过程中，要对头脑中产生的各种想法进行检验和评价、做出判断，并在适当的地方加以改进。

“小心陷阱、倒着说、搭高比赛、安全回家、依次排队、果皮艺术、编童话”等是思维的专注训练。通过这几种思维能力的训练，主要培养孩子在思考时能够沉浸在思维氛围之中，不易被外界干扰。同时对孩子的逻辑推理能力锻炼也非常有效，看似简单的游戏，孩子需要用自己所有的想象力、逻辑推理能力和创新思维能力去体会。

不仅如此，此类游戏也锻炼了孩子的综合分析能力和整体观察事物的能力，让孩子用发散思维去思考问题，学会从细微入手，锻炼孩子推断能力和解决问题的能力。这个游戏是一个不断发现信息、收集信息和整理信息的过程，通过分析问题，可以提高孩子的逻辑思维能力和推理能力。

游戏 64 拨电话

游戏时间：10 分钟
游戏难度：★★
游戏人员：爸爸、妈妈和孩子
游戏场合：客厅
适合年龄：7 岁以上
主要目标：培养孩子的注意力和记忆力
辅助目标：培养孩子和父母之间的合作能力

游戏方法

游戏需要的材料有：标有数字的泡沫地垫。

1. 父母和孩子一起游戏；
2. 在地上铺上标有数字的泡沫地垫，如同键式电话；
3. 先由一人报出一个 11 位数的电话号码；
4. 然后父母和孩子用单足或双足跳至相应的地垫上；
5. 跳错的人负责报后面的电话号码；
6. 重复游戏。

温馨提示

建议父母在游戏的过程中不要催促孩子，鼓励孩子多观察，便于孩子学会独立思考和判断，有利于游戏高质量地进行。

专家解读

见“考听力”游戏。

第四章
让孩子更细心、细致、细微

小学生活泼好动，情绪不稳定，热情高但生活阅历相对欠缺，遇到问题容易产生紧张焦虑感，做事容易犯粗心大意的毛病，常常给孩子们的生活带来困扰。

孩子粗心受许多因素影响，有些孩子对刺激的敏感性较差，而注意力又容易受干扰；也有知觉习惯的因素，对知觉对象的反映不完整、分辨不精细；还有兴趣的因素，对感兴趣的事情比较仔细，对不感兴趣的事情马马虎虎等。最令人伤脑筋的是粗心会变成一种行为方式，演变成凡事都冒冒失失，做起事来总是粗枝大叶。

粗心的孩子往往是动手快于动脑，事先缺乏仔细的观察和全面的思考。这一情况随着孩子认知能力的提高会有所改善。但对已经形成粗心习惯的孩子，则要对他们进行耐心细致的指导，帮助他们形成新的知觉、思维和行为模式。培养孩子良好的知觉辨别能力，从不同角度去观察和思考的能力。

纠正孩子粗心的坏毛病是一件细致艰难的工作，需要家长高度的责任心和耐心，不可急躁，更不可以责骂孩子。因为被骂得情绪紧张的孩子只会变得更加粗心。很多孩子和家长都反映，孩子似乎很难克服粗心这个毛病。对待粗心的孩子，游戏不失为一种好方法。

游戏 65 猜人数

游戏时间：10 分钟
游戏难度：★★★
参与人员：爸爸、妈妈和孩子
游戏场地：任何适合交流的场所
适合年龄：8～10 岁
主要目标：培养孩子做事细心的良好习惯，教会他们学会关注生活中的每个细节
辅助目标：培养孩子认真听的习惯，规范他们的行为，教会他们不要轻易打断他人说话

游戏方法

1. 妈妈先讲一个故事，告诉孩子，听完故事，会问一些问题，要仔细听。

张师傅正驾驶着一辆公共汽车，里面坐着 50 位乘客；汽车靠站停下来，有 10 名乘客下了车，又有 3 人上车；下一次靠站，下了 7 个人，上了 2 个人；接下来又分别停车两次，有一次上 6 个人，另一次没有人上车。路上，公共汽车和别的车发生了刮擦，有些乘客因为有急事，决定下车换乘其他车辆，所以 8 个人下了车。

2. 妈妈讲完故事后，立刻问，这辆公共汽车的驾驶员是谁？

温馨提示

1. 讲故事的时候，速度要慢一点，不要重复，养成孩子认真听的习惯。

2.在故事讲述过程中，让孩子不要中间打断，养成仔细听的习惯。

3.如果孩子能马上回答出驾驶员是谁，说明孩子在听故事的过程中，注意了每个细节，要及时给予孩子表扬，强化孩子善于细心倾听的优点。

4.如果孩子不能马上回答出驾驶员是谁，那可以问孩子，最后，车子里有多少人？为什么复杂的能答出，而简单的却答不出。全家可以一起来讨论。

专家解读

在成人眼里，简单的事站在孩子的立场可能是难事。很多复杂的动作或活动，发生的时间短，动作步骤多且连续不断，孩子来不及细看就过去了，要他把刚才发生的动作描写或模仿出来，肯定会有难度。既然是由一连串简单的动作合成，那么把它们还原为一个个简单动作，这样孩子就能看得清，容易观察和模仿。

游戏 66　尝味道

游戏时间：10 分钟

游戏难度：★★

参与人员：爸爸、妈妈和孩子

游戏场地：任何适合交流的场所

适合年龄：8～10 岁

主要目标：培养孩子的观察力。人的大脑所获得的信息，百分之八十是通过视觉或听觉得到的。孩子的粗心也是由于孩子的观察力差造成的。让孩子在游戏中学会观察，克服粗心的坏毛病

辅助目标：培养孩子学会关注每个小细节

游戏方法

游戏需要的材料有：水、杯子、食盐、小棒。

1. 拿出一杯水，当着孩子的面把食盐放入杯中，让盐溶解。

2. 全家按次序，每人伸出一个指头，放入盐水中，张开口舔舔手指，品尝一下味道。

3. 全家交流一下，味道怎样？孩子的回答肯定是咸的，而爸爸妈妈回答则和孩子不一样。原因是爸爸妈妈舔的手指和刚才放入杯中的不是同一个。

4. 问孩子，同一杯水，为什么我们和你尝的味道不一样？

温馨提示

事先不要告诉孩子，杯中放的是盐，引起孩子的好奇心。

爸爸妈妈事先可练习一下，这样才可以让孩子不易察觉出手被“调包”了。

事后，可问问孩子有哪些感受？爸爸妈妈可适当指出粗心大意带来的不良后果。

专家解读

让孩子去发现多了什么、少了什么，本身就是一个具体明确的观察任务。让孩子带着任务去观察，就会调动起积极性，集中注意力去认真地完成观察任务。这也可以培养记忆力和专注力。

想一想生活中还有什么东西是有细微差别的，只要有相近或同类的事物，就可以让孩子发现不同点。比如妈妈的头饰，爸爸的左右手，爸爸和妈妈的头发，花布上不同的图案……越是相近或相似的东西，越难发现细微差别，因此，就越能锻炼孩子敏锐的观察力。

游戏 67 大拇指游戏

游戏时间:10 分钟
游戏难度:★★
参与人员:爸爸、妈妈和孩子
游戏场地:家中或公园里
适合年龄:5 岁左右
主要目标:培养孩子听力。让孩子学会仔细听、认真辨
辅助目标:培养孩子快速反应能力

游戏方法

1. 妈妈宣布游戏规则:孩子和爸爸两人面对面站好,右手胸前握拳,竖起大拇指。

2. 妈妈喊口令,孩子和爸爸根据妈妈的口令,调整拇指的方向,要求动作与口令相反。如妈妈喊大拇指向上,这时大拇指要朝下。

3. 游戏参与者谈谈对游戏的感受。

温馨提示

1. 通过相类似的口令,让孩子集中注意力,从而养成不粗心大意的好习惯。

2. 妈妈的口令速度由慢渐快,口令难度由易渐难。

3. 可以举一反三,其他的动作或口令都可以。

4. 游戏过程中,孩子做得好的地方,及时鼓励,强化孩子养成做事认真仔细的好习惯。

5. 可以和孩子探讨,为什么会做得正确,或者为什么做得不是很好,让孩子明白,粗心大意是成功的敌人。

专家解读

倾听是儿童最早掌握的语言活动。良好的倾听能力是儿童获得知识的前提,它对发展思维十分有益。

“大拇指游戏”是利用“按指令行事法”来培养孩子的倾听能力。好动是孩子的天性,为此,家长可以用按指令行事的方法和游戏来发展孩子的倾听能力,如:要求孩子听指令做出相应的动作。在日常生活中交给孩子一些任务,让孩子完成,以锻炼孩子对语言的理解能力;让孩子根据某种音乐或节奏,一边看着大人的手势,一边完成某些动作或相应的行为。

从小培养孩子的倾听能力,让孩子养成良好的倾听习惯,对孩子的成长将产生不可估量的作用,对孩子素养的提高也将起到巨大的推动作用,家长须重视孩子这方面的能力培养。

游戏 68 圈数字

游戏时间: 20 分钟

游戏难度: ★★

参与人员: 爸爸、妈妈和孩子

游戏场地: 家中

适合年龄: 7~10 岁

主要目标: 训练孩子注意力。小学阶段正处在生长发育阶段,孩子们并不能很好地控制自己的注意力,注意力不很集中。通过圈数字提高孩子注意力

辅助目标: 培养孩子做事仔细、不易受外界干扰的好习惯

游戏方法

需要准备的游戏材料有:铅笔、纸。

1.出示随机数字表(表中数字的多少和排列顺序可根据孩子的实际情况自行确定)。

从一组数字中圈出或划出指定数字。

5	4	3	7	9	1	2	5	7	6	5	0	8	1	3	4
7	6	4	5	1	2	6	8	3	4	0	8	7	3	5	2
0	9	4	7	8	2	4	0	8	7	3	6	3	5	2	9
1	6	5	3	4	9	2	2	1	5	4	8	1	6	4	7
1	6	5	3	4	9	2	2	1	5	4	8	1	6	4	7

……

2.训练分四种类型进行。

(1)训练圈数字“3”(或其他任意指定的数字)。

(2)训练圈“3”前面的一个数字。

(3)训练圈“3”前一位的“7”(或其他指定的数字)。

(4)训练圈“3”和“7”中间的单数(或双数)。

温馨提示

1.第一类型游戏,目的是锻炼注意的指向性和集中力。

2.第二类型游戏,是对注意转移的一种训练。

3.第三类型游戏,有助于发展孩子注意的选择性。

4.第四类型游戏,目的在于扩大注意的广度和分配能力。

5.每一种游戏都须在3分钟内完成,每次连续游戏的时间要控制在20分钟以内。

专家解读

这是训练注意力的游戏。当孩子完成任务后,父母要给予鼓励、表扬。如果不知道孩子是否能胜任,那么先从最简单的开始训练。待孩子有了兴趣后,一点点提高难度,千万不可急于求成,欲速则不达。

游戏 69 抓“逃犯”

游戏时间：15 分钟以内
游戏难度：★★
参与人员：爸爸、妈妈和孩子
游戏场地：家中
适合年龄：7～8 岁
主要目标：培养孩子做完作业认真仔细检查的好习惯。让孩子改掉粗心的毛病，就要让孩子做完作业后，自己学会检查，不请爸爸妈妈代劳
辅助目标：通过抓“逃犯”游戏，获得奖励，使孩子远离粗心的毛病

游戏方法

孩子每天做完数学作业后，让孩子扮演警察，作业中的错误就是“逃犯”，让孩子负责把它们抓出来。

1. 先由孩子自己检查一遍做好的作业，仔细核对题目的要求、数字、计算符号和计算结果，将“逃犯”抓住。

2. 妈妈再来抓。如果妈妈没有找到“逃犯”，说明孩子已胜利地完成了任务，是一名合格的“警察”，可获得勋章一枚。

3. 一个星期内累计获得 3 枚勋章，就可得到一份神秘礼物。

4. 如果发现仍然有“逃犯”，孩子就要再从头检查，直到把“逃犯”抓住为止。

温馨提示

游戏一段时间后，可以根据孩子的情况，修改游戏规则。如：孩子在检查作业抓“逃犯”时，如果抓的“逃犯”越来越少，说明孩子的出错率越来越小，可获得勋章两枚等奖励，以保证孩子在做作业时第一遍的准确性，也就是变被动的事后查找差错为

主动积极的“防御”。

在此基础上，以后可以逐步发展到其他事情上，使孩子逐渐改掉粗心大意的毛病。

专家解读

现在，许多学校的老师都要求家长为孩子检查作业。这个游戏正好针对这个情况，家长让孩子自己检查，孩子不依赖家长，对自己的作业负责。家长给予的是指导和帮助，而不是一手包办。这样，孩子在做好自查的同时，也会养成做事细心的好习惯。

游戏 70 读字音

游戏时间：15 分钟

游戏难度：★★

参与人员：爸爸、妈妈和孩子

游戏场地：适合和孩子交流的场所

适合年龄：7～9 岁

主要目标：培养孩子细心的品质，让孩子学会思考，不被表面现象所迷惑

辅助目标：通过竞赛，提高孩子的兴趣。有了兴趣，孩子就会表现出强烈的好奇心和旺盛的求知欲

游戏方法

1. 妈妈介绍游戏规则，妈妈说出一个字的结构，让孩子说字的读音。

2. 游戏开始：来来去去的来，加个三点水（涞），读什么呢？读涞（lái），山东涞阳县的涞；来来去去的去，加三点水（法），读什么呢？读法（fǎ）（孩子有可能会脱口而出，读 qù）。

温馨提示

可以让孩子和爸爸比赛，看谁答得快，一方面训练孩子的反应能力，另一方面提高孩子的兴趣。妈妈在讲前一句的时候，可以讲得慢一点，在讲到“来来去去的去，加三点水(法)，读什么呢”时，可以讲得快一点。

当孩子读对读音时，爸爸可有意识地读错。而当孩子读错时，爸爸则可以正确地把读音读出来。随后，大家一起讨论，为什么会读错，是什么原因导致读错，从而让孩子知道，遇事不能粗心大意，要仔细。

专家解读

很多父母发愁孩子写不好作文，写的作文经常是内容空洞无物、笼统、浅显、语言乏味。孩子还没有学会仔细地观察某一事物，当然写不好作文。这时父母就要抓住难得的机会，教他细心观察，可通过提问的方式不断引导他的观察点，在观察中思考，在思考中观察。

游戏 71 郊游

游戏时间：15 分钟

游戏难度：★★★

参与人员：爸爸、妈妈和孩子

游戏场地：郊外、游乐场

适合年龄：7～10 岁

主要目标：培养孩子做事认真仔细、有条理的好习惯

辅助目标：培养孩子理性消费。用最合理的钱准备郊游的用品、食品，做到理性消费

游戏方法

1. 先告诉孩子，明天全家准备郊游，要准备好郊游的食品。

2. 让孩子准备采购清单，陪同孩子去超市购物。

3. 让孩子整理第二天郊游所需要的物品。

温馨提示

可以告诉孩子去哪里郊游，让孩子准备所需要的物品。在孩子准备的过程中，爸爸妈妈不要干预孩子，给孩子一个独立思考的空间。

如果第二天顺利完成郊游，说明孩子准备得一应俱全，爸爸妈妈应该及时表扬，让孩子保持这种做事周到、仔细的好习惯。如果第二天很多需要的物品都缺乏，可以和孩子一起总结经验教训，怎样才能带齐需要的物品呢？可以事先列张清单。

专家解读

增强儿童的生活自理意识。家长无条件地包办代替，使孩子形成一种错误认识：自己不愿意干的事情，父母会帮着干。家长要通过各种形式让孩子知道，自己已经长大了，要学会“自己的事情自己做”。

对孩子进行正面教育，增强他们的生活自理意识。如通过谈话“我长大了”“我学会了……”等活动，利用提问、讨论、行为练习等形式，让孩子意识到自己有能力干好一些事情，为自己会干力所能及的事情感到高兴。再如在语言活动（诗歌、故事、看图讲述等）中，帮助孩子充分理解作品内涵，通过作品中角色的行为，使孩子受到感染、教育。

通过分辨不同行为（能自理的与不能自理的），巩固孩子的生活自理意识。我们可以为孩子准备表现不同行为的各种图片、录像带等，让他们在比较中提高对自理行为的认识。

游戏 72 读对联

游戏时间:15 分钟
游戏难度:★★★
参与人员:爸爸、妈妈和孩子
游戏场地:家里
适合年龄:9～10 岁
主要目标:培养孩子主动探求知识,发现问题、解决问题的能力
辅助目标:激发孩子的学习欲望

游戏方法

爸爸妈妈事先在小纸条上写好对联:

好读书,不好读书;

好读书,不好读书!

请孩子读一读对联。正确读法:前后两个"好"读三声,中间两个"好"读四声。

温馨提示

可以和孩子一起探讨怎么读。告诉孩子这是明代文学家、书画家徐渭去世时留给子孙的一副对联。对联的意思是:年轻时有利于读书,但不愿意读书;成年后不便于读书,却又开始喜欢读书。

孩子有可能会念错,告诉孩子要看懂对联的意思,再研究读音,把正确的读音读出来。

专家解读

观察始于兴趣,对事物感兴趣就是最好的观察机会。这时家长介入可以帮助孩子专心投入观察当中,把孩子从无目的观察引导向有目的的观察,在父母指定的观察方向上能够细致地

边思考边观察,由此可以捕捉到有价值的东西,观察到独特的地方。

游戏 73 整理书包

游戏时间: 15 分钟
游戏难度: ★★
参与人员: 爸爸、妈妈和孩子
游戏场地: 家中
适合年龄: 7 岁左右
主要目标: 注重儿童生活自理意识的培养,创设家庭环境,坚持从细微处入手,以激励教育为主,提高儿童的生活自理能力,使儿童养成生活自理的好习惯
辅助目标: 培养孩子的模仿能力和观察能力

游戏方法

1. 妈妈先整理书包给孩子看。看课表,把第二天要用的课本、作业本理整齐。先放课本,大书放在上,小书放在下,再放作业本,放垫板和铅笔盒。最后别忘了红领巾、茶杯之类的东西。

2. 让孩子学着妈妈的样,重复把书包整理好。

3. 书包要放在固定的地方,上学时就不必寻找。

温馨提示

可以适当地教孩子一些方法,比如:整理书包时先放课本,大书放在上,小书放在下。等孩子掌握了以后,再教一个,这样,经过一段时间以后,孩子就能熟练地掌握怎样整理书包了。

如果忘了把学习用品整理到书包里,刚开始,爸爸妈妈可以提醒,但不能一直提醒,此后学习用品忘带了,应让孩子自己承

担后果。这样孩子吃一堑，长一智，就会有责任心，孩子的粗心毛病也会有所改善。这个年龄阶段的孩子是有这样的能力和习惯的。学习用品由家长代为整理，会养成孩子严重的依赖性，从而造成孩子自理能力差的坏结果。

专家解读

生活自理，简单地说就是自我服务，自己照顾自己，它是一个人应该具备的最基本的生活技能。儿童生活自理能力的形成，有助于培养儿童的责任感、自信心以及自己处理问题的能力，对今后儿童的生活也会产生深远的影响。但现在大部分的孩子，依赖性强，生活自理能力差，以至于不能很好地适应新的环境。所以，培养儿童生活自理能力至关重要，家长要把这项能力的培养作为教育活动的重要内容。

专家指出儿童能力与好习惯的培养关键在学龄期。作为家庭培养目标，要能抓住这个关键阶段，针对儿童的年龄特点与生活自理现状，有的放矢地对儿童进行教育。

爱游戏是孩子的天性。对孩子来说，最高兴的事莫过于做游戏了，游戏是孩子幸福的源泉。我国著名教育家陈鹤琴先生说："小孩子是生来好动的，以游戏为生命的。"7～10 岁的孩子特别喜欢边说边玩，抓住这一特征，我们就让孩子在游戏中，在自己动手操作中，进行能力的培养，同时还要注意对个别孩子的指导培养。

游戏对儿童有巨大的吸引力，因此比较容易激励他们克服困难，努力达到一定的目的，从而锻炼儿童的意志。

游戏 74 妈妈动了哪一枚硬币

游戏时间:15 分钟
游戏难度:★★
参与人员:爸爸、妈妈和孩子
游戏场地:家中桌子上
适合年龄:7～10 岁
主要目标:培养孩子仔细观察的习惯。通过观察妈妈是怎么发现那个被动过的硬币的,培养孩子的观察能力
辅助目标:培养孩子关注每个细节的好习惯。到底妈妈动了哪枚硬币,通过观察、思考,来寻找问题的答案

游戏方法

1. 在一只塑料盘子里,放几枚硬币。

2. 请孩子把眼睛闭上,妈妈取其中的一枚,握在手中几秒钟,然后再放回盘子里。

3. 让孩子睁开眼睛,看看妈妈拿的是哪一枚硬币。

要想知道妈妈拿的是哪枚硬币,方法很简单。把各枚硬币分别贴在嘴唇上,金属是优良的热导体,被拿起的硬币会很快吸收手上的热量,所以比其他硬币温度高。这种温度的差别,可以被十分敏感的嘴唇感受到。

温馨提示

1. 硬币放回盘子的时候,注意尽量放在原来摆放的位置。

2. 反过来,可以请孩子取出硬币,妈妈猜,这样孩子会更信服,会觉得妈妈了不起,更想知道其中的奥秘。

3. 妈妈在猜硬币的时候,让孩子仔细观察妈妈的动作之后,让孩子尝试再猜一次。

4. 做下次试验时,须等到所有硬币冷却后。

专家解读

俄国作家契诃夫说："我们的生活道路上撒满了金币，可惜我们没有去发现它们。"小学生不是没有可写的材料，而是缺乏观察的能力，没有一双发现"金币"的眼睛。小学生的观察力是比较低的，在感知事物的过程中，观察随意性比较明显，目的性不强，没有人给他提出观察任务就不知道要观察什么、如何去观察；观察也没有顺序性、精确性和深刻性，容易走马观花、浮光掠影。因此，家长有意引导孩子去观察并教会孩子一些观察方法是非常有必要的。

如果妈妈在孩子答不上来时，再换用更具体的提问来引导孩子观察，这就找到了观察的方向。观察小动物大体可以从外形特征、活动特性等几个方面有顺序地观察。可以先整体后局部，从上到下，从外到内，从大到小，先静态后动态。比如，光外部特征，就可以从头部写到尾部，从五官写到毛色、四肢等。这样的观察和描写就具有条理性、层次感。此外，在观察描写时，可以选择重点部分、突出部分或与众不同的地方加以观察和描述。

游戏 75 脑筋急转弯

游戏时间:15 分钟

游戏难度:★★

参与人员:爸爸、妈妈和孩子

游戏场地:任何适合交流的场所

适合年龄:7~10 岁

主要目标:培养孩子从不同角度仔细、全面地思考问题。学龄段的孩子开始出现可逆思维,通过这个游戏可以更好地锻炼他们逆向思维的能力

辅助目标:培养孩子创新思维。创造力具有独创性的特征,即产生新的非凡思维能力,表现为产生稀奇、罕见、首创的观念和成果。通过一些有趣的提问让孩子发散地思考问题

游戏方法

通过几个脑筋急转弯,让孩子开动小脑筋。

1.有个地方发生了火灾,虽然有消防员很快来救火,但就是没人报火警,为什么?

2.一本书放在地上哪儿,你跨不过去?

3.什么越洗越脏,不洗有人吃,洗了没人吃?

4.有一个男人在大雨倾盆的旷野上奔跑了十分钟,头发却没有湿,为什么?

答案:(1)消防局失火

(2)角落

(3)水

(4)他是秃头

温馨提示

在问题提出后,要给孩子充分的时间去思考问题。在孩子答错的时候,要鼓励孩子继续思考。

专家解读

该游戏抓住了孩子感兴趣的事物或正在进行的活动，通过主动提问来引导孩子边观察边思考，找出事物间的联系或发现规律，以提高观察能力和思考能力。

儿童的玩耍带有很大的盲目性和随意性。“观察的前提是专注，专注的前提是感兴趣。”趁孩子正沉浸于感兴趣的事物中，不妨放下身段来和孩子一起玩耍。这时成人的提问起着导向作用——把注意力导向需要观察的地方，伴随着思考，去发现事物间的联系和某种规律。

遇到孩子不配合的时候，有的家长呵斥一顿，有的家长赶紧就不玩了，觉得没多大意义。其实，日常生活中的任何细节里都有教育契机，就看你是否善于发现和抓住它。

游戏 76 谁是谁

游戏时间：15 分钟以内
游戏难度：★★★
参与人员：爸爸、妈妈和孩子
游戏场地：任何适合交流的场所
适合年龄：10～12 岁
主要目标：培养孩子逻辑推理能力
辅助目标：培养孩子爱动脑的好习惯

游戏方法

爸爸讲故事：

从天津开往广州的轮船上坐着 6 位旅客 A、B、C、D、E、F，他们来自北京、天津、上海、扬州、南京和杭州，已知：

①A 和北京人是医生；E 和天津人是教师；C 和上海人是工程师。

②A、B、F 和南京人参过军，而上海人没参过军。

③扬州人比 A 年龄大；杭州人比 B 年龄大；F 最年轻。

④B 和北京人一起去扬州；C 和南京人去广州。

试根据已知条件确定每位旅客来自何处及其职业。

答案：A：杭州　医生
　　　B：天津　教师
　　　C：扬州　工程师
　　　D：上海　工程师
　　　E：南京　教师
　　　F：北京　医生

温馨提示

1. 对于这种比较难的问题，建议家长与孩子一起先分析问题，把题目的逻辑关系写在纸上。

2. 在亲子游戏中，家长可以借此契机多和孩子交流。

3. 妈妈和孩子可以共同竞赛来激发孩子探究的兴趣，这种形式比单纯用智力来测验孩子的效果要好。

专家解读

儿童在 11 岁左右就开始能够从多维度对事物进行抽象的分析，通过这类逻辑推理的题目可以让小学高年级的孩子们更好地学习这种思维方式。

研究表明，7～12 岁是儿童形成认真做事习惯的关键期，这个阶段的孩子认识和活动范围逐渐扩大，求知识长技能的欲望强烈。这个阶段的孩子容易接受成人对其行为的训练，家长须针对这个关键期，抓住时机培养孩子认真、细心做事的习惯。

第五章 让孩子心中充满爱

何谓爱心？爱心是热情开朗的性格和对人、对物、对事一贯关心的态度，是能觉察体验他人的心情，能站在他人的位置与角度，感受他人的欢乐、痛苦、烦恼、失望之心。

爱心是人性中最基础的东西，是一个人最基本的素质，是素质教育中不可缺少的部分。培养孩子的爱心是小学教育阶段中一件极为重要的事情。

作为家长首先要当好孩子的榜样。家长对他人的爱心言行，潜移默化地影响着孩子。如果家长既能用有声的爱心语言去强化孩子爱的意识，又能以充满爱心的表率行为导之以行，就能使孩子产生一种积极的仿效心理。

同时家长还要为孩子创设一个被爱的环境，要让他们学会如何去爱别人。只有在“爱”与“被爱”的双重环境下，孩子才可能健康地成长。因此，家长在给予孩子爱的同时，也要不失时机地对他们进行“爱心教育”。可以通过一些有益的活动融入爱心教育的各个方面；也可以给孩子创造实施爱心行动的机会，让孩子知道谁更需要、谁最辛苦、谁有病痛。引导孩子观察他人的表情，理解他人苦恼、悲伤的缘由，努力想出办法来减轻他人的痛苦和烦恼。注重创造一个温馨愉快的家庭氛围。让孩子们在“爱”的氛围中懂得爱，学会爱。

游戏 77 一方有难 八方支援

游戏时间:30 分钟
游戏难度:★★
参与人员:爸爸、妈妈和孩子
游戏场地:家中
适合年龄:7～10 岁
主要目标:培养孩子的爱心。通过与孩子一起看图片或者录像,让孩子知道“一方有难,八方支援”的道理,对有困难的人应该献上一份爱心
辅助目标:让孩子懂得人与人之间应互相帮助,一起分担,培养孩子的社会责任感

游戏方法

父母与孩子一起看新闻图片和视频。了解我国西南地区发生旱灾的情况和一些发生在灾区的感人事情。引导孩子感受人们在灾难来临时表现出的爱心,懂得人与人之间要互相关心、互相帮助,学会和大家一起分担困难、分享快乐。

温馨提示

父母和孩子可以一边看一边讨论,让孩子充分表达自己的看法。

专家解读

每个孩子发育的速度不一样,特别是在情智方面,有的可能敏感一些,有的可能滞后一些。不论如何,爸爸妈妈应该给予孩子引导和帮助,促进孩子心智方面的成长。

如果孩子的情感在家中能够得到爸爸妈妈的尊重,他就会变得更加自信,与人交往也会更加容易,今后处理人际关系能更加得心应手。他们在学校的集体生活中,也会表现得更加活跃,成为有能力解决问题的人。

事实上，父母在生活中容易忽视年龄小的孩子的情感。例如：在孩子哭的时候，家长没好气地对他说："这有什么好哭的！不许哭！"这样只会挫伤孩子的感情。孩子需要你帮他定义那些感情，并且告诉孩子什么是高兴、什么是愤怒、什么是难受、什么是委屈，这样，孩子才能逐渐学会分辨这些情感和自己的情绪，也知道分辨和体会他人的情感。

游戏 78 保护鸡蛋宝宝

游戏时间：一天

游戏难度：★★★

参与人员：爸爸、妈妈和孩子

游戏场地：室外

适合年龄：7岁左右

主要目标：培养孩子的爱心和责任感

辅助目标：让孩子开动脑筋想出"防损"的方法

游戏方法

1.爸爸妈妈对孩子说:“今天母鸡妈妈有事要出门,她说没办法照顾鸡蛋宝宝,让你照顾一下行吗?”“我们今天也要出去玩,你愿意带上鸡蛋宝宝吗?一定要保护好它,不让它碎掉,否则鸡妈妈会伤心的。”

2.让孩子想各种不同的办法保护鸡蛋宝宝(包上泡沫装在盒子里,或装在网袋里挂在脖子上……),在外出途中时刻注意照顾好蛋宝宝。

3.外出结束回到家中,如果鸡蛋宝宝完好无损,就代替母鸡妈妈谢谢孩子,奖励他一个小礼物。

温馨提示

家长要放手让孩子自己照顾蛋宝宝,不要时刻提醒他,或代替他完成保护活动。

专家解读

“保护好鸡蛋宝宝”游戏是让孩子与大自然和谐相处,学会爱护花草、爱护小动物,亲身体验接触大自然。家长可以告诉孩子大自然是人类的好朋友,人类热爱动物,要与小动物做朋友,让孩子从小就知道爱护动物。

父母也可带孩子到植物园、郊外走走,让孩子领略大自然的美,在轻松愉快中培养爱心。

游戏79 我是爱心小天使

游戏时间：25分钟

游戏难度：★★★

参与人员：爸爸、妈妈和孩子

游戏场地：家中

适合年龄：7岁左右

主要目标：培养孩子的爱心、同情心和责任心。愿意为身边年长的人做力所能及的事，尊敬老人

辅助目标：让孩子们认识到自己有能力帮助他人，增加他们的自信心。通过形式多样的活动，让孩子在活动中学，在娱乐中做，愉快地尝试“爱心”行为，激发孩子爱长辈、爱他人的美德

游戏方法

游戏一：让座

1. 用家中的椅子排成汽车状，由父母扮演老爷爷、老奶奶上车。

2. 孩子看见“爷爷、奶奶”上车来，连忙把座位让给他们，并说“爷爷奶奶您请坐”。

3. 此游戏的角色可互换。

游戏二：迷路的小孩

1. 由父亲或母亲扮演迷路的正在哭闹的“小朋友”。

2. 孩子主动安慰“小朋友”不要哭，并及时送回家。

游戏三：情景表演——“爷爷、奶奶我帮您”

如看到一位老爷爷提着很重的东西走过来，应该怎么办？一位老奶奶坐汽车时没有座位，站立不稳应该怎么办？孩子了解情景后积极讨论，并参与表演。

温馨提示

爱是人间最美的语言，爱是人类最高尚的情操。爱无处不在、无时不有，爱是无私的、博大的。儿童阶段行为的可塑性是非常强的，也是最有效的。所以，培养儿童的爱心至关重要。

专家解读

古今中外，爱心被认为是一个人的基础道德和社会的灵魂。孔子说“仁者爱人”，孟子讲“王道”都是以爱为核心。由于家庭架构的日益“核心”化，大多数家庭只有一个孩子，我们不难发现，独生子女有着自私、软弱、生活能力差等缺点，这些缺点的养成往往与独生子女在家庭中的教育是密不可分的。

“我是爱心小天使”游戏通过创设情境，教给孩子关心他人的方法。

孩子年龄还小，生活经验少。在生活中，父母要教给孩子关心他人的方法，如：父母实在太累了，不能答应孩子一起做游戏时，不妨直接告诉孩子：“妈妈太累了，想休息一会儿，你能自己做游戏吗？”如果孩子答应了，父母一定不要忘记说：“真懂事，知道心疼妈妈了。”爷爷想要看报纸，可以请孩子帮忙拿眼镜，如果孩子做到了，可以表扬孩子说：“真是好孩子，知道爷爷腿不利索，能帮助大人干事情了！”经过多次练习和提醒，再遇到类似的情况时，孩子便会主动地关心他人，为他人提供力所能及的服务，为自己帮助了他人而感到快乐。

游戏 80　互换角色，孩子照顾爸爸妈妈

游戏时间：15 分钟
游戏难度：★★
参与人员：爸爸、妈妈和孩子
游戏场地：家中
适合年龄：7～10 岁
主要目标：培养孩子的爱心
辅助目标：培养孩子的动手能力

游戏方法

在平时，爸爸妈妈会先起床，然后帮孩子准备早餐。不过，在双休日爸爸妈妈可做一些变化，与孩子互换一下角色。让孩子有新鲜感进入角色，为爸爸妈妈准备早餐。

温馨提示

角色互换的游戏，除了可让孩子准备简单的早餐以外，也可以去做一些力所能及的家务活。这个游戏既可锻炼孩子的动手能力，又可培养孩子的爱心和责任感。

专家解读

家长与孩子互换角色，让孩子照顾爸爸妈妈。在游戏中，父母要当“爱”的发现者和讲解员，及时进行“爱”的传递，让“爱”从小在孩子心中萌芽、成长。让孩子对他人说一些关心体贴的话。在餐桌上可让孩子学会给长辈夹菜，鼓励孩子给爸爸妈妈拿东西，让孩子做这些力所能及的事，从中品尝到为他人服务所带来的喜悦和满足感。

游戏 81　袋鼠妈妈爱宝宝

游戏时间：10分钟
游戏难度：★★
参与人员：爸爸、妈妈和孩子
游戏场地：家里客厅、小区空地等
适合年龄：6～8岁
主要目标：让孩子体会到父母对自己的爱
辅助目标：锻炼孩子身体灵活性和反应力

游戏方法

孩子扮演小袋鼠站在最前面，妈妈扮演袋鼠妈妈站在小袋鼠后面，双手搭在孩子的肩上。母子两人按照"一二、一二"的节奏向前跳跃。当爸爸扮演的大狗熊出现时，袋鼠妈妈喊道："大狗熊来了！"大狗熊则绕着袋鼠不停转圈，或做出各种怪相来逗笑分散袋鼠妈妈和小袋鼠的注意力，趁机抓住小袋鼠。袋鼠妈妈则要把小袋鼠护在怀里四处躲避，不让狗熊碰到小袋鼠的身体为胜。

温馨提示

父母可根据自己的体力情况交换角色游戏。爸爸做袋鼠爸爸时，可把小袋鼠背在背上，以增加游戏的趣味性。

专家解读

"袋鼠妈妈爱宝宝"的游戏在亲子沟通中创设情境让孩子学会爱，在游戏中不妨通过几个小细节来培养孩子的爱心：

1. 一个拥抱——在游戏中，引导孩子给自己一个拥抱，学习施予爱心和同情。

2. 一句"谢谢"——在游戏中父母为孩子做了事情，别忘记提醒孩子说声"谢谢"。

游戏 82 生病的小树

游戏时间：10 分钟
游戏难度：★★★
参与人员：爸爸、妈妈和孩子
游戏场地：小区内
适合年龄：7～10 岁
主要目标：培养孩子的爱心
辅助目标：提高孩子解决问题的能力

游戏方法

与孩子在家住小区内散步，有意识地让孩子发现有一棵小树急需大家的帮助，与孩子交谈："我们应该怎样让这棵小树茁壮健康成长呢？怎样防止类似的问题发生呢？你能做些什么呢？你还可以为我们的小区做些什么呢？"

温馨提示

家长在游戏过程中也要持之以恒，在潜移默化的过程中培养孩子的爱心。

专家解读

除了"生病的小树"游戏外，对孩子的爱心的培养，应该落实到平时的点滴行动中。

老人生病了，要鼓励孩子去慰问："您哪里不舒服呀？""想吃什么呀？""我来为您唱个歌、讲个故事、捶捶背。"……并教育孩子把自己最爱吃的东西留给爷爷奶奶。家里有好吃的东西时，让孩子具有"孔融让梨"的品德，要告诉孩子"大家分享才快乐"。

游戏 83　和爷爷奶奶一起过"九九重阳节"

游戏时间:25～35 分钟

游戏难度:★★★★

游戏人员:爸爸、妈妈和孩子

游戏场合:小区的老人活动室内

适合年龄:9～12 岁

主要目标:了解"九九重阳节"的有关知识,萌发孩子尊敬老人、愿意为老人献爱心的情感。通过对"九九重阳节"的认识与了解教育我们的孩子尊老敬老

辅助目标:锻炼孩子的社会交往能力和口语表达能力。在与爷爷奶奶的交流中,进一步提高孩子的社会交往能力和口语表达能力

游戏方法

1. 说祝贺话——引导孩子向爷爷奶奶(外公外婆)说一句祝贺的话语。

2. 赠送贺卡——爸爸妈妈一起引导孩子把自己制作的贺卡送给爷爷奶奶(外公外婆),并帮他们捶捶腿、敲敲背,为爷爷奶奶表演节目。

3. 学做好事——引导孩子为爷爷奶奶(外公外婆)做一些力所能及的事。

4. 挑选礼物——引导孩子用自己的零花钱,为爷爷奶奶(外公外婆)挑选一件他们需要的小礼物,送给他们。

温馨提示

可以带孩子前往老年人福利院去探望孤寡老人,为他们献爱心,鼓励孩子大胆地在不认识的老人们面前展示自己。当孩

子表现出不知道该怎么跟长辈们交流时，家长可以示范引导，先让孩子模仿，等孩子熟悉了，再鼓励孩子大胆地进行交流。

专家解读

节日教育是对儿童进行关爱情感教育的特殊形式。关爱就是快乐地以一己之力帮助他人，并让受助人也感到快乐。家长如何对孩子进行关爱教育呢？

首先要让孩子学会关心身边的人，关心父母、老师和同伴；关心周围的世界，爱护玩具、花草树木和小动物；能和别人分享玩具、食物和自己的快乐；接受他人的帮助会表示“感谢”。

其次，要培养孩子的责任感、独立能力，形成主动关心他人的习惯和培养自我管理的能力；学会体验老师和父母的辛劳，珍惜他人的劳动。

关爱情感的培养应从与儿童生活直接相关的具体情境出发。节日的环境氛围是孩子们喜爱的，让儿童在自然、宽松、愉快的氛围中主动参与实践活动。由于节日的特殊性使其教育具有可接受性，从而具有了区别于其他教育途径所特有的教育价值。

游戏 84 周末信箱

游戏难度：★★

参与人员：爸爸、妈妈和孩子

游戏场地：家中

适合年龄：7～10岁

主要目标：培养孩子爱心。情商的培养往往重于智商，孩子情感犹如一张白纸，任由你描绘。一位富有爱心的人，将会一生快乐

辅助目标：培养孩子做事的条理性，锻炼他们的记忆力和口语表达能力。增进亲子间的交流，营造良好的家庭氛围

游戏方法

游戏需要准备的材料有:一个报箱和三种不同颜色的纸片。

父母和孩子分别选择一种颜色的纸片代表自己,一起记录自己做的好人好事。每做一件好人好事就记录下来,并将纸片投到报箱内,周末让孩子取出比一比,评选最佳爱心奖。

温馨提示

身教重于言传,在爱心培养过程中,父母的榜样作用尤为重要。

专家解读

如果要培养孩子的爱心,可以从培养儿童的同情心入手来对儿童进行"关心他人"的教育。

1. 同情认知的培养。具有同情认知是产生同情情感和行为的前提和基础。在日常生活中,经常引导孩子观察什么情况会让他人难过,他人什么时候需要自己的帮助。比如,同学生病了,很难受,希望得到他人的关心;同学摔倒了,就应该有人扶一把,帮他拍拍身上的土,问疼不疼。对个别能力差的孩子,不能嘲笑他、说他"笨",而应该耐心、友好地帮助他。

2. 同情体验的培养。同情情感是同情行为的内在动机,我们通过多种途径唤起孩子内在的情感体验。首先,我们以身作则,对需要关心的孩子给予安慰和关怀,使孩子在潜移默化中受到教育。我们设计了"他摔倒了""他为什么哭了""我来帮助你"等教育活动,运用角色转换的方法引导儿童体验当自己处于他人的境况时的情感和愿望,从而让孩子知道在别人需要帮助时自己该怎样做。

3. 同情行为的培养。同情行为是同情心培养的根本目的。在孩子获得了同情认知,产生了同情情感后,我们应引导他们把同情认知体现在行动上,教给孩子相应的行为方式。我们发现孩子的同情行为往往比较单一。如低年龄段的孩子们，看到一个小朋友摔倒了，全班都去扶他，结果挤成一团。针对这种情况，我们引导孩子讨论可以用什么别的方式表示自己对摔倒同伴的关心与帮助，同时我们还创造机会让孩子实践，鼓励孩子做出各种各样的关心、友爱行为。

在游戏过程中，我们着重把同情认知、同情体验和同情行为三者紧密结合，以培养儿童的同情心，并以此设计游戏，以达到培养孩子爱心和同情心的目的。

游戏 85 爱心行动——按要求变换走

游戏时间：15 分钟

游戏难度：★★★

参与人员：爸爸、妈妈和孩子

游戏场地：社区街心花园

适合年龄：6～8 岁

主要目标：让孩子按要求行走，促进他们手脚协调和灵活变换的能力

辅助目标：培养孩子关心他人情感及责任心

游戏方法

1. 了解活动内容：正常人与残疾人、老人进行比赛。

2. 将爸爸或妈妈、孩子分成两组，分别进行如下比赛：

(1)盲人(蒙眼)和正常人比走路，看谁先到终点。

(2)跛腿人(单腿走)和正常人比走路，看谁先到终点。

(3)老年人(弯腰)和正常人比走路，看谁先到终点。

3. 游戏结束，请孩子说说自己扮演角色的感受，体会老人和残疾人生活的不便之处。

温馨提示

在活动之前检查场地是否平整，有无障碍物，以防摔倒等意外发生。

专家解读

经常给孩子提供关爱他人的机会，如邻居、老师或同学生病时，家长可以带着孩子去探望问候；在公共汽车上要让孩子给长辈让座；在楼梯口碰到邻居老奶奶买东西回来，让孩子帮助老奶奶把东西提上楼。

家长还可以选择一些特殊的日子或地方来表达爱心，如儿童节，带孩子到孤儿院，分送礼物或卡片给那里的小朋友，并和他们一起游戏、一起分享；或引导孩子把家中旧的图书、不玩的玩具、不能穿的衣服捐给慈善机构或需要帮助的人，培养孩子的爱心。

让孩子学会关怀他人，更重要的是落实于生活中的一点一滴。让孩子体会“赠人玫瑰，手有余香”的快乐吧！

游戏 86 分辨食物——尝尝说说

游戏时间：5 分钟

游戏难度：★★

参与人员：爸爸、妈妈和孩子

游戏场地：餐桌旁

适合年龄：7～8 岁

主要目标：通过品尝食物，锻炼味觉的判断能力

辅助目标：培养孩子的爱心和设身处地为他人着想的好品质。让孩子在游戏的过程中，猜猜是什么食物并说说食物应该送给谁吃。如：温热的低糖饮料，应该给奶奶喝，因为她喝冷饮时胃会不舒服，以此培养孩子关爱他人的品质

游戏方法

事先准备几种味道、硬度和温度不同的食物和饮料。准备时不让孩子看见，然后对孩子说："今天请你蒙上眼睛，尝一些好吃的东西。但要在尝后说出是什么味道，是什么东西，你觉得把这个东西送给谁吃最合适。"游戏时品尝四种不同类型食物的味道。

1. 吃水果：分辨甜、酸味（根据当时季节选择水果），问孩子，是什么味道？吃的是什么？觉得谁最喜欢吃这个？把它送给谁最合适？

2. 吃饼干：分辨甜、咸味，让孩子左手拿甜饼干，右手拿咸饼干。吃后举手示意哪只手拿的是甜饼干，哪只手拿的是咸饼干。问孩子，你觉得谁最喜欢吃这个？把它送给谁最合适？

3. 吃糖：分辨硬、软感，可给孩子吃硬的水果糖及软的奶糖。要求孩子说出尝后的感觉，哪种硬，哪种软。问孩子，你觉得谁最喜欢吃这个？把它送给谁最合适？

4. 喝饮料：分辨冷、热、温的感觉，给孩子分别尝冷开水（或冰水）、热水、温开水，让孩子喝后分辨冷、热、温的感觉。问孩子，觉得谁最喜欢喝这个？把它送给谁最合适？

温馨提示

开始游戏时，只能尝2～3种食物，以后逐渐增多。

专家解读

不想吃的食物也别扔，让孩子明白珍惜食物的意义。家长陪孩子外出玩耍时，经常会给孩子买些吃的。碰到不喜欢的食物，孩子咬了几口就想扔掉，家长看到了，别习以为常，草草了事，而应让孩子明白爱惜食物是一种美德。

你可以温柔地制止孩子的行为，跟他说："爸爸妈妈赚钱很辛苦，你这么浪费，我们会很难过的。"在合适的时候，找一些图片报道让孩子看，告诉他："一些国家和地区有许多小朋友生活很苦，没东西吃，而你有吃却不吃，实在太浪费了。”

游戏 87　动感全家福

游戏时间：10 分钟
游戏难度：★★★★
参与人员：爸爸、妈妈和孩子
游戏场地：家中
适合年龄：7～10 岁
主要目标：让孩子主动亲近家人，感受到家庭的欢乐
辅助目标：鼓励孩子表达与父母之间的情感，使孩子在“动感全家福”的游戏中不仅能完美表现自我，更能感受父母的爱，体验家庭生活的幸福

游戏方法

1. 爸爸妈妈与孩子一起照全家福，在相机前，孩子既可以模仿爸爸妈妈的造型，也可以发挥自己的创意摆好姿势。

2. 控制肢体，静止保持动感动作 10 秒以上，直到立架相机成功拍摄。

3. 游戏反复进行，直到完成一组全家福照片。

4. 孩子和爸爸妈妈一起欣赏“动感全家福”照片。

温馨提示

1. 在游戏过程中，避免孩子为摆造型，做危险动作。

2. 将照片做成《我爱家人》的影集，如能添上文字描述则更好。

专家解读

榜样的力量是无穷的，也是最有效的。要使孩子富有爱心，父母必须从自己做起，平时就要注意自己的言行举止，从小事开始做起，言传身教。

在幼儿时期，父母要经常对孩子微笑，让孩子感受到父母对他的爱，这是孩子萌生爱心的起点。孩子再大些，家长要对孩子多加关心。孩子遇到困难时，帮助孩子寻找解决困难的办法。

父母之间关系要和谐，经常给对方夹夹菜、捶捶背等，彼此出差回来时，给家人带些喜欢的礼物。不因为是一家人语言方面就可以不客气，常怀着感恩的心，这样，才可能培养出有爱心的孩子。

游戏 88 我是小帮手

游戏时间：2 小时
游戏难度：★★★
参与人员：爸爸、妈妈和孩子
游戏场地：长辈家
适合年龄：8~10 岁
主要目标：培养孩子有爱心
辅助目标：培养孩子的生活自理能力

游戏方法

1. 挑选一个天气晴朗的双休日，孩子和父母一起去祖父母家，帮助长辈换洗被子。

2. 父母教孩子如何正确使用洗衣机。

温馨提示

滚筒洗衣机工作时不能打开洗衣机的盖，波轮洗衣机工作时手不能伸入洗衣机。

专家解读

父母是孩子的镜子，孩子是父母的影子。只有富有爱心的父母，才能培养出富有爱心的孩子。孩子时时刻刻把父母作为自己的榜样，父母的一言一行都潜移默化地影响着孩子，身教重于言传就是这个道理。因此，父母平时就要注意自己的言行举止，做到孝敬老人、关心孩子、关爱他人、乐于助人等，让孩子觉得父母是富有爱心的人，自己也要做一个富有爱心的人。

游戏 89　救救溺水的小动物

游戏时间：15 分钟
游戏难度：★★★★★
参与人员：爸爸和孩子
游戏场地：游泳池
适合年龄：7 岁左右
主要目标：培养孩子的爱心，使孩子愿意帮助他人。帮助弱小是一个人的本性，只是主动地去帮助别人就现在的孩子来说还不多见。游戏中创设场景，激发孩子的爱心
辅助目标：通过自己的能力去帮助他人，体验成功的快乐与自信，同时锻炼了游泳技能

游戏方法

1. 池中投放若干绒布动物，让孩子去将水中的动物“救”到岸上。
2. 家长可以和孩子一起抢救小动物。

温馨提示

1. 绒布玩具要经过消毒。
2. 可以让有些绒布玩具漂浮水中，有些沉入水下。
3. 注意安全。

专家解读

“感人心者莫过于情，动人心者莫过于爱”，充满爱心是儿童与他人交往的金钥匙。

养小动物能培养孩子的爱心。这需要孩子也当回大人，在生活上细心照顾这些“小宝贝”，他们会陪小动物玩耍、聊天，在小动物生病时充满同情心的孩子也会跟着着急，在不知不觉中有了爱心。

家里可以饲养一两种小动物，如金鱼、小乌龟等，让孩子自己喂食。如果发现孩子对小动物没有爱心，父母就应以启发同情心的方式来开导他。

游戏 90　有爱就牵手

游戏时间：5 分钟

游戏难度：★★

参与人员：四个家庭的爸爸、妈妈和孩子

游戏场地：小区花园空地

适合年龄：7～9 岁

主要目标：培养孩子善于观察的能力。通过观察可以使孩子更加了解、熟悉自己的父母，让孩子体会爱的过程也让孩子学会爱

辅助目标：增进孩子与家长间的情感

游戏方法

先请四组家庭的家长站成一排，蒙上孩子的眼睛，然后请孩子通过嗅觉、触摸等方式感应出自己亲人的手。能在规定时间内迅速、正确地与自己的家长牵手的一组为胜。

温馨提示

在游戏中，家长与孩子不可进行语言交流或做出暗示性动作。

专家解读

如果孩子的感情在家中能够得到爸爸妈妈的尊重，他就会变得自信，在外面与他人交往也就更加容易，今后处理人际关系、结交朋友也就会更加顺利。他们在学校的集体生活中，也会更加活跃，成为有能力去解决问题的人。

游戏 91 营救伤员

游戏时间：15 分钟

游戏难度：★★★

参与人员：爸爸、妈妈和孩子

游戏场地：空旷的场地

适合年龄：7～10 岁

主要目标：培养孩子的爱心意识

辅助目标：培养合作能力。与人合作不仅是孩子学习与人相处最好的机会，更是绝佳的心智训练机会。许多研究指出，有较多团队合作经验的孩子，对自己的能力、特质和个性有较正确的评价，也能对同伴的能力和个性作出多方面的描述

游戏方法

1. 游戏前准备：了解一些简单的急救知识，如包扎法。准备一个布娃娃、小纱布或手帕、三角巾或毛巾、被单。

2. 游戏开始：假如场地另一端有一孩子（布娃娃）腿部“受伤”，三人分配好谁拿什么东西，然后一同从场地起点跑到终点（“受伤孩子”处），由孩子在家长指导下进行简单的腿部包扎，针对出血部位垫上敷料“纱布或手帕”，然后用三角巾或毛巾进行简单包扎。

3. 孩子和爸爸妈妈三人合作把受伤的孩子抱到“简易担架”——被单上，再一起合作把受伤的孩子送到“医院”即出发的地方。

温馨提示

1. 孩子及家长应该了解一些简单的急救知识。

2. 如果伤处有骨折时，须另加夹板固定。伤口内有碎骨或异物存在时，不得应用加压包扎止血法。

3. “简易担架”——被单也只限于一些轻伤者使用。

专家解读

让孩子学会“感同身受”，是培养孩子爱心的另一种方法。让他能设身处地地为他人着想、感受他人情感。如当别人有疾病时，让孩子回忆自己过去生病的疼痛经验，体谅他人的痛苦，为他人提供力所能及的帮助。

正如儿童教育专家卢勤所说：“孩子的爱心是稚嫩的，你在乎它，它就会长大；你忽视它，它就会枯萎；你打击它，它就会死去。”从小培养孩子同情心和怜悯的情感，培植善良和仁爱的心。

家长可以让孩子参观访问各种机构，像养老院、福利院以及参观美术展、科学展或电影展，并在每一次活动后，客观地和孩子一起讨论，让孩子从中体会各种感受，使孩子的感官更灵敏，更能对周遭的人、事、物有所感受，由感动发展成爱的情感。

游戏 92 猜一猜、说一说

游戏时间:30 分钟

游戏难度:★★★

游戏人员:爸爸、妈妈和孩子

游戏场合:家中

适合年龄:7～10 岁

主要目标:培养孩子的爱心。让孩子与家长在进行问答竞赛的过程中,学会关注家人的喜好和习惯,从而增进相互之间的情感

辅助目标:培养孩子的注意力。通过进行问答竞赛,孩子的注意力会更加集中,会更善于倾听和表达

游戏方法

首先将写好家庭中每个人喜好和习惯的问题卡片放入箱内,随后三人分配角色:一人为裁判,其他两人参与游戏。参与游戏的两人面对箱子坐下并一起问:“裁判问什么?”裁判找出箱中任意一张问题卡,如:“请你说说妈妈最爱吃的菜。”听到问题后,知道答案的马上举手回答,如:“妈妈最爱吃鱼。”然后由裁判根据卡片上所标注的答案进行判断。答案正确卡片归其所有;答错则由另一位回答;如两人都答错,则由裁判公布答案,并将该问题卡放入箱内,重新开始游戏。解答完箱内所有卡片上的问题后,清点参与游戏者身边的卡片,卡片多者为胜。

温馨提示

1. 大人和孩子可轮流参与游戏,增加竞争性,如:比比谁花的时间短,说得更加准确。

2. 写有家庭中每个人喜好和习惯的问题卡片可以由少至多。

专家解读

让孩子学会体贴、关心他人，家长首先要帮助孩子学会分辨情绪和感情。孩子需要家长帮他定义哪些是情绪，哪些是感情，让他明白什么是高兴、什么是愤怒、什么是难受、什么是委屈，这样，孩子才能逐步学会分辨和体会别人的感情，包括爱的感觉。

要想取得孩子对家长的尊重，家长也要尊重孩子，孩子对家长的尊重是以家长对孩子关心、疼爱为基础的。如果家长不尊重孩子的人格，不把孩子当成与自己平等的人对待，那么孩子肯定对此很反感，难以建立和家长的尊重和信任关系。

游戏 93 我来当导游

游戏时间：30 分钟

游戏难度：★★★

参与人员：爸爸、妈妈和孩子

游戏场地：动物园、公园或其他游览区

适合年龄：7～10 岁

主要目标：培养孩子热爱大自然的意识。让孩子在学做导游的过程中，学会关注周围世界，在逐步认识、探索自然界各种奥秘的过程中开阔眼界，热爱大自然

辅助目标：培养孩子的观察力。通过寻找、探索旅游路线和介绍动植物特征，孩子会更善于发现被常人忽视的细节，增强他们的观察力

游戏方法

1. 游戏开始时，成人带孩子去动物园，买一张导游图，找个地方坐下，看图让孩子说出动物园里都有哪些动物。这一步的关键在于引导儿童学习关注导游图，同时也对动物产生兴趣。在发现孩子有兴趣后，家长可以提出请孩子做“小导游”，带领大

家参观动物园，并正确说出各动物的名称。

2. 游戏进行的过程中，家长可以启发儿童学习看导游图，尝试带领大家不重复、不遗漏地看遍每种动物。当孩子正确地带领大家走到指定区域后，家长要积极肯定孩子的表现，同时也要提醒孩子介绍动物，让孩子进一步了解各种动物从而激发其热爱大自然的美好情感！

温馨提示

1. 初玩时，这个游戏适合在动物园进行，可从导游图上截取简单的路线，所介绍的动物也可是孩子熟悉的。以后可以逐步增加路线或将地点转变到公园或其他游览区，以增加游戏的难度和趣味性。

2. 大人和孩子可轮流当导游，增加竞争性，比比谁花的时间短，谁介绍得更详细、更准确等。

专家解读

众所周知孩子性格的形成，除了先天的因素外，更重要的是受后天环境的影响，古代“孟母三迁”的故事同样也说明了这个道理，所以学校和家庭在培养孩子的性格方面都起着非常重要的作用，我们应当效仿孟母尽可能地为孩子创造良好的环境。

要教育孩子保持爱心就是要让孩子们学会做一个善良的、爱别人的人，让孩子在懂得感恩的同时学会用爱去感染他人，使爱成为他处事的准则。那么家长如何才能引导孩子把刚刚萌发的爱心转化为成熟永久的品质呢？关键在于是否确实让孩子在日常生活中经常接触到善良的、充满爱心的师长和父母。

人在逆境中总是需要他人的同情、支持与鼓励的，正如我们在寒夜中渴望一盆炭火，炎日下需要一盆凉水一样。孩子应该是富于同情心的。这种积极的情感是孩子真诚、友好和仁爱地对待周围的人的基础，是克服孩子自私自利和残忍行为的“解毒剂”。培养孩子的同情心和爱心，可以克服孩子对他人无情、冷淡和残忍的态度。

孩子的内心世界与成人的内心世界是完全不同的。孩子的内心世界是多彩的、自由的，他们是浪漫主义者；成人的内心世界是实际的，他们是现实主义者。孩子的思维是发散性的，他们的想象很自由、很奇特，如果作为教育者（老师或家长）不了解这一点，教育就不会有效果，甚至适得其反。因此，有效的教育方法，才是我们爱心教育的目标与方向，才是打开孩子爱心的“金钥匙”。而通过以上游戏，可达到“润物细无声”的教育效果。游戏中我们关注孩子的表现和反应，敏感地察觉他们对爱的需要、爱心意识的表现和爱心能力的实施，及时以适当的方式给予孩子回应，形成父子、母子、师生爱心互动。教育的方法是多种多样的，家长必须根据自己孩子的年龄特点和性格特征，选用适当的方法进行爱心教育，才会有效促进每个孩子的爱心得到升华。

第六章
让孩子养成良好习惯

学习是孩子的主要活动，孩子的学习成绩往往会受到老师与家长的积极关注。孩子学习成绩的好坏与学习习惯息息相关。

学习习惯是指学生在学习过程中逐步形成的比较稳定的学习行为方式。好的学习习惯有助于学生形成自觉主动、稳定持久的学习方式，能使正确的学习态度和科学的学习方法在自然而然中得到应用与发挥，从而提高学习效率。良好的学习习惯是学生学习知识、发展智力、培养能力的重要基础，还有助于提高个人修养和完善人格。

当今的社会是终身学习的社会。养成良好的学习习惯会让孩子终生受益。学习习惯不是先天遗传的，而是后天所获得的学习行为，要形成良好的学习习惯就必须在学习活动中反复练习和训练。小学生正处在受教育的启蒙阶段，尤其是小学低年级学生，刚进入学校学习，学习成了他们的主要活动。他们对学习和学校生活都感到新奇、陌生，也面临着许多新的问题，学校学习与生活是他们人生中的一大转折。小学生模仿能力强，可塑性大，因此，各种习惯容易养成，也易于改变。从小培养良好的学习习惯，对他们当前的学习和今后的发展都具有重要意义。

游戏 94 24点随心算

游戏时间：1 小时
游戏难度：★★
参与人员：孩子和父母中的任意一方
活动场地：马路边安全的地方
适合年龄：9～10 岁
主要目标：通过计算 24 点，培养孩子的速算能力，提高孩子学习数学的兴趣
辅助目标：利用闲暇时间进行 24 点游戏，增进亲子情感

游戏方法

对马路上经过的车牌号中的数字进行 24 点比赛，任意用加、减、乘、除的方法，谁最先用车牌上的数字算出结果为 24 的，谁获胜。

温馨提示

此游戏可以在外出步行的时候进行，也可以在公交车站候车时进行。但要提醒孩子注意交通安全，以免孩子注意力太集中于游戏，而造成交通意外。

专家解读

从孩子生活中熟悉的事物入手，而不是直接让孩子回答算数题目，比如孩子想买气球时，可以问一问小贩手里有几个，买走了 1 个还剩几个？或者分吃水果，妈妈和孩子一起吃一个苹果，要怎么分，可不可以平均分？再比如摆积木，给孩子 10 个积木可以摆出什么？再加 5 个可以摆什么？

生活中处处都散发着数学的气息，家长要有心发现，耐心引导。

游戏 95 超级复读机

游戏时间：自定

游戏难度：★★

参与人员：孩子和父母中的任何一方

游戏场地：家中

适合年龄：6～8 岁

主要目标：通过孩子复述故事，培养孩子的记忆力、对语言的理解能力和语言中重要因素的把握能力，可以培养孩子上课认真听讲的习惯

辅助目标：孩子在复述故事时，可不断提高其语言表达能力

游戏方法

给孩子讲一个故事，并让孩子把故事复述出来。

温馨提示

故事应该有鲜明的题目，让孩子注重对题目的理解，引导孩子注重倾听故事的核心内容。故事同时还应该有清晰的要素，根据孩子的年龄，确定故事的长短和故事要素的多少。

家长在讲故事的时候，语言节奏不要太快，以免孩子听不清楚。孩子在复述故事的时候，只要将主要意思和一些关键因素表达清楚即可，不要求一字不差。

专家解读

游戏意义：提高孩子对听觉信息的记忆，父母读的时候要发音清晰、突出重点，安静的环境最佳，注意观察孩子的注意力是否集中。

游戏点评：复述出80%的故事内容属于“好”，80%—60%的内容属于“中等”，60%以下的内容属于“差”。孩子的听觉宽度决定孩子上课认真听讲的效果。“超级复读机”游戏是训练孩子听觉宽度和记忆的方法之一。

游戏96 词语连连看

游戏时间：10分钟

游戏难度：★★★

参与人员：孩子和父母中的任何一方

游戏场地：家中

适合年龄：6～8岁

主要目标：将词语连成句子，让孩子在整理词序的过程中，培养孩子对语言的理解能力

辅助目标：对组成的句子进行是非判断，能培养孩子的逻辑能力

游戏方法

1. 准备能组合成句子的词。

2. 父母出示词组，让孩子用给出的词组成一句话，并判断这句话正确与否。如：

马路、湿的、雨天、不是　（　　）

从不、火车、铁轨上、开在　（　　）

很明亮、晴天、月亮、晚上　（　　）

糖果、吃、蛀牙、睡觉、前、容易　（　　）

温馨提示

1. 家长可以任意出题，先写好句子，然后将其拆分成几个词。注意句子可以进行是非判断，拆成几个词之后，只能组成一个句子。

2.家长可以将一些描述生活技能、生活常识的句子拆成几个词，让孩子在组句、判断的过程中，拓宽知识面。

3.根据孩子的年龄可适度增减一些词，调整组句的难度。

专家解读

“词语连连看”游戏可以训练孩子较快地理解父母的讲话，在学习过程中能更好地把握老师讲课的内容，提高孩子的注意力。本游戏结合实际情况，对孩子进行判断问题的训练，可增强孩子的词汇量和对词汇理解的能力，使孩子听觉理解能力提升。

游戏 97 故事接力赛

游戏时间：1 个小时

游戏难度：★★★★

参与人员：孩子和父母中的任何一方

游戏场地：家中

适合年龄：8～10 岁

主要目标：通过孩子与父母共同创作故事，培养孩子对文学的兴趣，克服许多孩子对作文的畏惧感，同时，让孩子充分发挥自己的想象力

辅助目标：家长在编故事时，可将对孩子品德培养的内容纳入故事编写中，让孩子在读故事的时候明白做人的道理

游戏方法

1. 制作故事本，在封面上写“故事大王”及作者名。

2. 孩子和父母每天或者每两天轮流一次，在故事本上写一个故事，长短不限，后一个故事必须和前一个故事有联系，情节、内容、人物都可自由发挥，两个月完成一本。

温馨提示

孩子在刚开始编故事的时候如果有困难，家长可做一些引导，让他借鉴模仿一些已有的童话故事。

家长应该及时对孩子在故事中使用的好词、好句给予表扬，将孩子编写的好故事告诉其他亲戚朋友，让孩子在参与过程中不断得到鼓励。每周末做一次故事大盘点，全家人共同阅读故事，并评选出本周“故事大王”。让孩子编故事，不仅可以增加孩子的作文兴趣，而且有利于亲子关系的培养。

还可让孩子为故事绘插图，或者设计封面、内页。在书的封面上将孩子的姓名填在美术编辑的栏目中，更有利于激发孩子持续参与的兴趣。

专家解读

有报道指出:中国儿童的想象力太差。教育进展国际评估组织对全世界21个国家的调查也显示,中国孩子的创造力在所有参加调查的国家中排名倒数第五。在被调查的中小学生中,认为自己有好奇心和想象力的只占4.7%。想象力制约着学生创造力的发展。

编故事书可以激发儿童的想象力,拓宽孩子的思维。爱因斯坦有一句名言:“想象力比知识更重要,因为知识是有限的,而想象力概括世界的一切,并且是知识进化的源泉。”爱因斯坦就是实践这一句话的典范。

游戏98 黑白配

游戏时间:20～30分钟

游戏难度:★★★

参与人员:孩子和父母

游戏场地:家中

适合年龄:7～9岁

主要目标:培养孩子的观察能力和记忆力,养成快速记忆、快速反应的好习惯。通过围棋的黑白子不同组合,培养孩子的空间观察能力和记忆力,提高孩子思维的速度,有利于孩子学习效率的提高

辅助目标:锻炼孩子注意力高度集中性

游戏方法

游戏需要准备的材料有:黑白围棋子若干、布一块、笔和纸。

1.最初游戏阶段,可用5～6枚黑子、5～6枚白子作为道具,爸爸或妈妈将黑子和白子以任意顺序摆放成一行。摆好后,请孩子看2秒钟,立即用布将棋子蒙上,并请孩子回忆黑白子的

排列顺序。全部答对得 2 分，错 1 处得 1 分，错 2 处以上不得分。

2. 由孩子摆棋子，爸爸或妈妈回答。

3. 十轮之后计算总分，谁的分数高，谁就是“黑白配”的赢家。

4. 辅助说明：随着对游戏的了解和熟悉，围棋子的数量可以增加，行数也可以增加。增加行数后，会增强孩子对空间结构的观察能力，也加强了对短时记忆的要求。

温馨提示

最初阶段，父母要根据孩子的表现调控自己的表现，不要让孩子一开始就丧失了兴趣，但孩子在经过一段时间训练后，水平完全有可能大大超越父母。这时候，父母可通过表扬，激励孩子增加游戏难度。

专家解读

俄国心理学家谢切诺夫说过，一切智慧的根源就在于记忆，记忆是“整个心理生活的基本条件”。有了记忆，人才能积累经验、扩大经验。记忆最核心最重要的品质是准确性，即能够准确回忆记过的内容。在这一点上，不同的人存在很大的差异。有的人回忆时没有任何遗漏歪曲，而有的人则模棱两可。

根据记忆在大脑中保持的时间分类，可以将记忆分为瞬时记忆、短时记忆和长时记忆。游戏中训练的是短时记忆，短时记忆的时间长度不超过 1 分钟。短时记忆的容量是 7±2，即 5～9 个组块。组块是指人们熟悉的记忆单元，可以是一个数字、一个字母、一个词组甚至是一个句子。在这个游戏中，想要扩人记忆的容量，最佳办法就是加大记忆单元。也就是说想要孩子记得多，要教会孩子对记忆材料进行组块。

游戏 99 纠错大王

游戏时间:根据实际情况适度调整
游戏难度:★★★
参与人员:孩子和父母
游戏场地:家中
适合年龄:8～9 岁
主要目标:让孩子通过寻找自己的学习错误、纠正自己的学习错误,养成自我学习、自我发现问题、及时纠正错误、及时巩固的好习惯
辅助目标:通过让孩子自己纠错,提高孩子的观察能力,巩固他们所学到的知识

游戏方法

需要准备的游戏材料是纠错卡。卡片的正面分为两个栏目:错题内容和错误原因。反面两个栏目:正确答案和纠错次数。

1. 家长引导孩子每天将学习中的错误记录在纠错卡上,错误有老师上课提问回答不出的问题,以及作业和测验中做错的题目,每个错误记录在一张卡片上。

2. 让孩子自己找出错误的原因,如没有背熟、粗心、审题错误、知识点不理解等。

3. 记录错误的当天,让孩子自己在草稿纸上做出正确答案,并在纠错次数上画一条线。

4. 每周末开展一次"一周错题纠纠纠"的活动,让孩子再将本周的错题继续在草稿纸上做一次。如果正确,可在纠错次数上再画一条线;如果错误,则不能画线,要继续纠正,直到做正确。

5. 每月进行一次"一月错题大盘点",对于已经完成两次纠

错的卡片，家长出示错题卡正面内容，孩子在反面写上正确答案。如果正确，则在错题卡反面画上五角星或贴上笑脸标记，表示错题攻克；如果错误，则重新制作错题卡。

6.家长还要引导孩子进行错误原因归类，看看哪种原因导致的错误最多，平时可自觉调整。

温馨提示

孩子在低年级的时候，可以用错题卡，并用游戏的形式进行纠错。等到了高年级，直接使用纠错本，列出错误内容、错误原因。

专家解读

世界上最可怕的力量是习惯，世界上最宝贵的财富也是习惯。一个班级、一个企业、一个国家、一个民族如此，人的一生，更是如此。每个人都必须踏踏实实地做人，而良好的做人习惯正是帮助我们构建成功人生所必需的。

管得住自己，是习惯的主人；管不住自己，是习惯的奴隶。做主人还是做奴隶，全在于自己的选择。行为养成习惯，习惯形成性格，性格决定命运。可见，孩子良好的学习习惯的养成至关重要！

什么是学习习惯？就是经过重复练习而巩固下来的思维模式和行为方式。学习习惯一旦养成，便会以固有的方式持续下来，犹如物理学中的惯性力量。“良好的学习习惯是一种自觉的学习行为，因而能提高学习效率。”

通过“纠错大王”游戏可以培养孩子整理错题集的习惯。平时要把有疑问或是弄错的地方随手拿张纸记下，经常看看，看会了、记住了，再扔掉。有价值的就用专门的本子记下，并找些同类型的题目、同等程度的相关知识点研究一下它们的异同和解题的技巧和办法。

游戏 100 脑筋转转转

游戏时间:5～10 分钟

游戏难度:★★★★

参与人员:孩子和父母中的任意一方

游戏场地:室内

适合年龄:7～8 岁

主要目标:让孩子根据已知材料进行逻辑分析,理出因果关系,从而找到问题的答案,培养孩子推理能力

辅助目标:不仅有利于孩子学习品质与习惯的培养,也有利于孩子在生活中遇到问题能进行分析推理。让孩子表述结果也能锻炼孩子的语言表达能力

游戏方法

家长给出一些示例,如:

1.一切生物最终都要死亡。

人是生物。

结论:人都要死亡的。

2.现在不是白天,就是晚上。

太阳还照着美丽的校园。

结论:现在不是晚上。

3.小明的年龄比我大。

小方的年龄比小明大。

结论:小方的年龄比我大。

家长给出题目,让孩子说出结果,如:

①年满 7 岁的孩子才能读小学,小明今年 5 岁,所以……

②熊猫喜欢吃竹子,小熊猫也是熊猫,所以……

③一个人如果得了传染病,就不能上班,李阿姨得了传染病,所以……

④地铁 1 号线晚上 11 点停运，小方想乘地铁回家。她赶到地铁站时，已经是晚上 11:30 了，所以……

⑤他有一张明天去北京的飞机票，明天飞往北京的航班全部取消了，所以……

推理需要对概念理解才能进行，父母平常要对孩子解释一些概念性的事物。题目里如果包含概念，要和孩子当场说明，比如航班、停运等。

专家解读

推理是判断与判断之间的联系，是从一个或数个已知判断推出新的未知判断的思维形式，也就是事物之间的联系和关系在人脑中的反映。

人的判断和推理是在辨认事物的性质与联系的过程中逐渐形成、发展并完善起来的。在游戏活动中，孩子给出的答案是通过判断与推理得出的，作为家长不仅要看问题的结果，还要进一步观察孩子们的内部思维过程。这对培养孩子们的思维逻辑性与严密的推理习惯都是大有裨益的。

游戏 101　排雷集宝

游戏时间：10 分钟左右

游戏难度：★★★

参与人员：孩子和父母中的任意一方

游戏场地：室内

适合年龄：7～8 岁

主要目标：让孩子对自身的学习习惯进行反思，找出自己身上存在的坏习惯，巩固已经养成的好习惯

辅助目标：提高孩子自我认识能力

游戏方法

需要准备写有各类学习习惯的小纸条，作为集宝锦囊的小袋子，作为排雷盒子的纸盒。

1. 家长出示各种写有学习习惯的小条子，让孩子辨别是好习惯还是坏习惯，好习惯就画上五角星，坏习惯就打上叉。

2. 孩子和家长共同确认，如果孩子已经具备了这个好习惯，就可以把好习惯纸条放入集宝锦囊；如果孩子没这个坏习惯，就把坏习惯条子放入排雷盒子；没有形成的好习惯和没有改掉的坏习惯暂不归类。

习惯内容：

①在固定的时间学习；

②一边吃东西一边学习；

③学习结束后自己收拾书桌；

④遇到难题不放弃，想办法解决；

⑤做完作业后能自己仔细检查，发现并纠正错误；

⑥经常坐在书桌前，但心里却想着其他事情；

⑦做作业时经常中断要找东西、喝水等；

⑧每天对当天的学习任务都认真复习；

⑨只要完成书面作业就可以了；

⑩遇到问题会问老师；

⑪经常会打电话问同学今天的作业是什么；

⑫完成作业前，学习用品及辞典等工具书都准备齐全；

⑬先完成学习任务再玩耍，不将作业拖延；

⑭经常拖延，直到睡觉前才不得不完成作业。

温馨提示

21天可以养成一个习惯，家长可以每月让孩子对学习习惯梳理一下，看看集宝锦囊和排雷盒子里面的内容有没有增减。

只有把所有的习惯都在这两处安置好，整个游戏才算结束。家长可根据孩子的实际情况，将一些不良的学习习惯列出。

专家解读

行为习惯来自何处？一般而言，孩子的行为习惯是通过“亲身的操作经验”以及“模仿”两种途径养成的。

其中，模仿的行为大多属于暂时性的，模仿的原因多半基于：为了要肯定自己所扮演的性别角色；认同自己是团体里的一分子；出于好奇；为了要表现自己具有与别人相同的能力等。例如：小男孩为了要认同自己的性别角色，便模仿父亲的一举一动。同样，孩子在团体里，为了要自我肯定、自我认同，遂模仿同伴的言行，表示他是属于团体里的一分子。

孩子的行为主要是受环境的影响，其中包括了周围人（父母、老师、兄弟姊妹、朋友等）和社会的因素。例如：孩子在别人家中做客，未得到主人同意，便顺手带走喜欢的玩具。父母发现之后，如果只问“这玩具是哪里来的”，而未加以开导、纠正，结果孩子并不知道这种占有的方式是不对的。父母的疏忽，无意中便可能养成孩子不良的行为。又如：父母和老师教导孩子“乘车要排队、不争先恐后”，但孩子却亲眼目睹他人插队、争先恐后的上车情形。如果他遵循父母老师的话，就会吃亏、落于人后，结果，孩子可能会否定成人所说的话。

父母不希望孩子说谎，但自己却在无意中给孩子一个说谎的示范，譬如要孩子跟打电话来找自己的人说“爸爸不在家”。又如老师在孩子的面前，鼓励孩子品尝各种食物，不要偏食，结果吃饭时却发现老师自己偏食。这种情形被孩子看到，孩子可能会产生疑问：老师说任何食物都应该吃，可是自己却不吃；甚至会认为老师所说的话都不真实，以后对老师失去信任。

游戏 102 学习小盘点

游戏时间：15 分钟左右，每天 1 次

游戏难度：★★

参与人员：孩子和父母的任意一方

游戏场地：室内

适合年龄：7～8 岁

主要目标：孩子通过对每天学习重点内容的重复，能明确学习任务，把握学习任务，并养成及时复习、举一反三的好习惯

辅助目标：锻炼孩子的语言表达能力和概括能力

游戏方法

孩子口述下列内容：

1. 今天的语文课，我们学习了（课文的名称）。

我学会了（能讲出学了什么知识点：如 * * 字、* * 词、* * 修辞方法、* * 句等）。

我还能（运用这些知识点，用 * 字组词，用 * 词造句等）。

2. 今天的数学课，我们学习了（知识点、方法）。

老师让我们计算了（例题）。

我还能算（自己出一些同类型的题目）。

3. 今天的英语课，我们学习了（标题）。

我学会了（什么知识点：如 * * 字母、* * 单词、* * 句型等，并能流利、正确地拼读单词，背诵课文）。

经过一段时间训练后，家长还要引导孩子说出：今天学到的知识和以前学过的知识之间的联系和差异。

温馨提示

这个游戏可在孩子入学后两个月左右的时间就开始训练。

最初孩子可能对如何陈述学习任务感到困难，家长要耐心引导，经过一段时间坚持，会对孩子的学习大有益处。

专家解读

在这个游戏里，家长通过要求孩子进行复述来回忆和巩固新学的知识。要使孩子获得巩固的知识，不能没有复习。遗忘的规律是先快后慢，因此，复习必须及时，要在遗忘尚未开始前进行，阻止通常在学习后立即发生的急速遗忘。所以，在老师教授新的知识后，家长可通过这个游戏，让孩子在提问与回答之中及时复习学过的知识。

游戏 103 数字正反背

游戏时间：10 分钟
游戏难度：★★★
参与人员：孩子和父母中的任何一方
游戏场地：相对安静的地方
适合年龄：7～10 岁
主要目标：培养孩子的短时记忆力，养成快速记忆、快速反应的好习惯。培养孩子的听觉记忆力，有助于孩子在课堂上学会集中精力听课
辅助目标：锻炼孩子注意力高度集中

游戏方法

家长告诉孩子："我要读几个数字，等我读完后，请你把它背出来。"然后可根据孩子的年龄来安排数字的数量，6 岁的孩子可从 4 个数字开始，7～8 岁的孩子可从 5 个数字开始，9～10 岁的孩子可从 6 个数字开始。如：

(1)4—8—2—7

(2)9—5—1—8

(3)3—2—8—6—4

(4)8—1—6—5—7

(5)1—4—9—3—6—5

(6)5—7—1—8—4—9

等孩子熟悉游戏之后,增加难度,让孩子将数字倒背。如孩子倒背感觉有难度,可减少数字的数量。

温馨提示

本游戏是训练听觉记忆的,因此,读数字的时候应该1秒钟左右一个数字,不应该带任何辨别得出的韵律。

数字完全可以随机报出,家长可根据孩子掌握的程度,增减数字,以提高孩子参与的兴趣。如果家长能和孩子相互出题,将更会提高孩子参与的积极性。

随着数字增加、难度增大,家长可事先写好题目,或者在随机报数的时候,就用笔记录下来,以免遗忘题目。

专家解读

游戏中通过数字正反背可以训练开发孩子脑子里的“照相机”功能。

孩子的记忆和学习主要是通过视觉、听觉、感觉、动觉等。大部分孩子是靠视觉接受信息的方式在学习,所以培养孩子的学习接受能力主要是培养开发孩子的视觉表象。数字正反背的游戏就是训练孩子在脑子中形成清晰的数字图像,对孩子视觉表象进行强化训练。

游戏 104 问不倒

游戏时间:15 分钟
游戏难度:★★
参与人员:孩子和父母
游戏场地:家中
适合年龄:7～9 岁
主要目标:让孩子养成查工具书的好习惯,学会信息的检索,遇到不同的问题知道用什么样的方式能够最快地寻求到答案
辅助目标:通过各类问题,可增大孩子的知识面、拓宽孩子的视野

游戏方法

游戏需要的材料有:两套知识题、字典、参考书、能上网的电脑。

1. 参赛的父亲或母亲与孩子抽取试题。

2. 先后完成试题上的题目,并计算时间,谁用的时间短,谁获胜。输的一方表演节目。

温馨提示

查字典比赛的游戏可以由孩子自行选择谁做评委,谁做参赛方。生字的选择不要过于冷僻,要挑选能吸引孩子兴趣的问题。游戏之前,要让孩子学会使用百度等网络搜索工具。

随着孩子对游戏熟练程度提高,可增加问题难度,让孩子去解决一些网络上无法搜索到的问题,引导孩子到图书馆去获取知识。

专家解读

很多父母没有资源意识,没有意识到游戏是可以随时创造、随时进行的。身边处处都是可学的知识,可利用的智力开发材料。游戏中的父母准备了新华字典或是网络,当孩子与孩子玩

游戏时，随时关注孩子的兴趣点，并适当地通过提问来导引“实验”，仔细观察，激发思考，推导结论，获得知识。

游戏 105 我给故事“戴帽子”

游戏时间：15 分钟
游戏难度：★★
参与人员：孩子、父母中的任意一人
游戏场地：家中
适合年龄：7～10 岁
主要目标：为故事加上题目就是一个命名的过程，这个活动能够锻炼孩子的概括能力、抽象能力和表达能力，使孩子在学习过程中能把握重点，学会归纳、分析
辅助目标：听故事的过程也可促进亲子沟通

游戏方法

1. 父母先对孩子说：每个故事都有一个题目，就像人戴了一顶帽子。今天，让我们为这个故事安上一个题目，看看，这顶帽子合适吗？

2. 父母先讲一个故事。

3. 听完故事后，请孩子为故事想一个题目或多个题目。

4. 将故事本来的标题和孩子想的标题比较，看谁的标题更好。

温馨提示

最初开始的时候，父母可选取孩子熟悉的故事让他加题目。孩子想的题目与本来的题目不一样，不要立刻否定孩子，耐心地让孩子说出理由，并比较两个题目的优缺点，使孩子知道拟题目的一些基本要求，如题目不能太长，要表达清晰，题目能体现故事的重点或者主线。对孩子拟得好的题目要及时鼓励。

随着孩子年龄的增长，要引导孩子对拟题目有更高的要求，如题目是否生动，题目是否能吸引读者，题目的文采等。

专家解读

通过“我给故事‘戴帽子’”游戏，可以达到培养孩子抽象思维能力的目的。在说话的时候要注意表达的主题，并围绕主题把意思说清楚，如果说了半天，别人还搞不清楚你在说什么，那是很失败的。而抽象思维能力能帮助孩子很明确地表达自己的意思。

在培养孩子语言表达能力的过程中，家长要多和孩子做语言游戏，玩出语言趣味。开展家庭成语接龙比赛、家庭演讲比赛、猜谜语比赛、词语修饰比赛等都是很好的语言游戏，既可以锻炼记忆能力、应变能力、想象能力、扩散思维能力，又可以培养孩子对语言的敏感和学习的兴趣。

父母还要注意让孩子多和别人交际，因为实际的交际是训练和提高表达能力的重要途径。表达能力不是仅仅依靠看书、游戏就可以练出来的，还需要在实际运用中锻炼。

游戏 106 争取“小火箭”

游戏时间：5 分钟

游戏难度：★★★

参与人员：孩子、父母

游戏场地：家中

适合年龄：7～8 岁

主要目标：通过“争取‘小火箭’”的游戏，提高孩子做事情和学习的速度，提高孩子的学习效率

辅助目标：争取“小火箭”的游戏可以让孩子养成自主、自立的良好生活习惯

游戏方法

1.告诉孩子游戏规则,孩子每天可以用自己的行动争取到两个小火箭,一枚为“生活小火箭”,一枚为“学习小火箭”。每天在规定时间内保证质量地完成生活任务或学习任务,就可获得“小火箭”,并将它贴在“大火箭”上。“大火箭”被贴满后,可奖励在周末进行一次外出亲子郊游活动。

2.生活时间可作如下规定:吃饭时间 20 分钟以内,睡前洗脸、刷牙等 10 分钟,早晨起床自己穿衣、整理被子 10 分钟等。

3.学习时间根据作业内容和学习任务自行确定。

温馨提示

家长规定的时间,要根据孩子的实际情况进行调整,对慢性子的孩子一开始要求不能太高,要将时间确定在他可能实现的范围内,否则,孩子会由于总不能完成任务而失去玩游戏的兴趣。

规定学习的时间要注意,7 岁孩子一次学习时间在 20～30 分钟,最初可从 15 分钟开始训练。不要因为评判是否获得“小火箭”而中断孩子正在进行的学习,这样会让孩子注意力不集中。随着孩子的年龄增长适度增加学习时间。

专家解读

家长通过“争取‘小火箭’”的游戏来规范孩子的生活习惯和学习习惯。从生活习惯抓起,先给孩子规定时间,要求孩子在规定时间内完成自己要做的事,训练孩子逐步缩短生活自理行为的时间。比如和爸爸妈妈比赛穿袜子,看谁更快。在比赛之前先教孩子怎么穿得快的方法。家长在比赛时,可以故意放慢一点,让孩子觉得有取胜的可能;甚至有时候不经意输给孩子,让孩子觉得自己能做得快。孩子在生活中做事快,在学习中才会快起来,学习效率才会高起来。

游戏 107 小小书法王

游戏时间：15 分钟左右，每周一次

游戏难度：★★

参与人员：孩子和父母中的任意一方

游戏场地：室内

适合年龄：6～8 岁

主要目标：激发孩子写字的兴趣，促使他们正确、端正地书写作业，养成良好的书写习惯，使孩子不仅写好字，也能提高书写速度

辅助目标：家长选择的字可以是本周学习的生字，也可以是一些孩子容易写错的字，这样，不仅练了字，还可以使学习内容得到巩固

游戏方法

1.把要练的生字打印出来，让孩子认真地写出来，要求坐姿正确、笔画工整、卷面整洁。

2.孩子写字的时候计时，写完全部文字后，计时结束。

3.家长和孩子共同圈出本次书写好的字，引导孩子知道怎样的字是写得好的字体。

4.让孩子把本次书写的日期、所用时间和写得好的字登记在表格上。

5.经过几次练习之后，比较孩子写字所用时间的长短和画圈字的总数，对孩子进行表扬和鼓励。

温馨提示

孩子最初写字时，可能写得不太好，家长要注意鼓励，不能全盘否定。孩子比上周进步，给予一定的奖励，奖励的内容可在写之前就约定好。不要用钱的方式奖励，可以用画“五角星”奖励，积累了一定数量的“五角星”可买一本儿童书籍，保护好孩子继续参与的积极性和热情。

最初开始时，字数可以在30个左右，每一阶段的字数要相当。以后根据孩子发展状况可适当增加字数。

专家解读

要注意生活中的随机教学。当孩子对“字”有了认识，看到“字”会注意的时候，就可以开始随机教学了。见到商店的招牌、广告、漫画上的对白、报刊的标题等，都可以适时教孩子认字，还应随时配合日常生活中遇见的各种东西、游戏、动作等，教他相关的词汇。

写字须配合语文学习。指导孩子写字，应配合语文学习一起指导，不可孤立。指导者要熟悉孩子的身心发展、学习能力，尤其应该注意教材内容与孩子生活环境的配合，以孩子感兴趣的方式，很自然地循序渐进地加以指导。此外，要顾及孩子的个别差异。注意多鼓励，少责骂。

父母要想一想要孩子学习写字，是不是只是自己的意愿，而没有考虑到孩子的想法。如果是这样，很可能产生副作用，甚至让孩子产生情绪困扰，或许将来会应了“小时了了，大未必佳”的说法。

如果有兴趣学写字，最好给他一支笔、一张纸，让他自由发挥，大人不要给予任何特定的指示或暗示。孩子写字的过程中，父母可以从旁观察他的握笔方法、手眼的协调程度，并注意中国字的特性，使孩子能很自然、很有兴趣地学习写字。写些什么字呢？写孩子自己创造出的字，满足孩子创造的欲望，培养孩子写字的兴趣。

如果孩子认字的能力很强，每天可问孩子：“你今天想学什么字？”然后将那些字写在卡片上，给孩子辨认。这样，成人和孩子便可“以字会友”了。

教育是百年树人的事业，我们常常会期待下一代去实现一些自己未实现的理想。其实教育孩子要顺其自然，尊重孩子的兴趣，不可因父母的期望而“揠苗助长”。

游戏 108　抓住问号苹果

游戏时间：10 分钟
游戏难度：★★
参与人员：孩子、父母
游戏场地：家中
适合年龄：6～9 岁
主要目标：让孩子保持问题意识，能多渠道地思考问题并独立解答问题
辅助目标：让孩子开动脑筋，锻炼他们的思维能力

游戏方法

1. 将牛顿看见苹果落地，心中想"为什么苹果总是掉到地上而不飞到天上"，后来发现了万有引力定律的故事先告诉孩子，然后教育孩子要学习牛顿动脑筋、问问题。

2. 一个家长做评委，另一个家长和孩子参加比赛。

3. 由评委任意指定一样东西，参赛家长和孩子在 5 分钟内围绕这个东西提问。可以把问题写在纸上，看谁的问题最多，谁的问题最有新意，问题多和有新意的人获胜。获胜者可获得一张苹果形状的卡纸奖品。

4. 在所有的问题中，为对方选择一个问题，要求对方解答。解答过程中可以查找资料，但必须独立完成。谁答出了问题，就可以获得一张苹果形状的卡纸作奖品。示例：一个铅笔盒。

问题：

这是谁的铅笔盒？

它是用什么材料做成的？

里面装了什么东西？

它的内层是什么颜色？

……

温馨提示

孩子脑海里充满各种各样的奇思妙想，家长对孩子提出的各种问题，都应给予理解并积极鼓励，使孩子保持好问的习惯。

游戏可定期进行，每月总结一次，谁积累的卡纸最多就可以获得一定的奖励。

专家解读

不断探索就是在未知的领域里，凭借自己的兴趣爱好和自己的发现进行学习、寻求答案和解决疑问。

探索来源于兴趣，但不是三分钟热情。兴趣是最好的老师。孩子一旦产生了兴趣，就会产生弄清楚事物来龙去脉的想法。这种想法不是昙花一现，它指引着孩子坚持不懈地努力去寻求事物的原因。

“抓住问号苹果”游戏抓住了孩子爱想象的特点，在游戏中使孩子体会到探索的乐趣，在无意中培养了孩子探索的习惯，让孩子对周围某些事物产生浓厚的兴趣。兴趣是对事物探索的动力。